mandelbaum *verlag*

Petra Bernhardt, Karin Liebhart

WIE BILDER WAHLKAMPF MACHEN

mandelbaum *verlag*

mandelbaum.at • mandelbaum.de

ISBN 978-3-85476-850-0

© mandelbaum verlag, wien • berlin 2020
alle Rechte vorbehalten

Satz: KEVIN MITREGA
Umschlag: MICHAEL BAICULESCU
Druck: PRIMERATE, Budapest

INHALT

DANKSAGUNG DER AUTORINNEN

Die Autorinnen danken dem *Jubiläumsfonds der Österreichischen Nationalbank* (OeNB) für die Förderung des Forschungsprojekts 17453 *The Austrian Presidential Elections 2016: A Case Study in Visual Political Storytelling* (2017–2019). Dieses Projekt hat die Vorarbeiten zu diesem Buch ermöglicht. Ebenso danken die Autorinnen den InhaberInnen der Bildrechte für die Erteilung der Abdruckgenehmigungen. Nicht in allen Fällen ist es gelungen, die erwünschten Abdruckgenehmigungen zu erhalten; berechtigte Forderungen werden vom Verlag in branchenüblicher Weise abgegolten.

Besonderer Dank gilt den Mitgliedern des Advisory Boards Günter J. Bischof, Roswitha Breckner, Silvia Miháliková, Anton Pelinka, Andreas Pribersky, Manfried Welan und Ruth Wodak für die konstruktiv-kritische wissenschaftliche Begleitung des Projekts.

KAPITEL 1
WARUM WAHLKÄMPFE BILDER BRAUCHEN

Politische Kommunikation ohne Bilder ist nicht vorstellbar. Das gilt in besonderem Maße für Wahlkämpfe. In den Wochen vor einer Wahl verändert sich das Erscheinungsbild des öffentlichen Raumes durch Plakate und Dreieckständer. Bei Veranstaltungen, auf Plätzen oder Märkten sind UnterstützerInnen von Parteien unterwegs und verteilen Informationsmaterial und kleine Geschenke. Vielleicht klopfen sie kurz vor dem Wahltermin auch an unsere Wohnungs- oder Haustüren, um an den bevorstehenden Wahlgang zu erinnern. In Zeitungen, Zeitschriften und im Fernsehen dreht sich die Politikberichterstattung um den Wahlkampf. SpitzenkandidatInnen treten in Interview- oder in Diskussionssendungen auf. In Sozialen Netzwerken sehen wir gesponserte Werbung – selbst dann, wenn wir den *Facebook*-Seiten, *Instagram*-Accounts oder *Twitter*-Feeds von Parteien und ihren KandidatInnen gar nicht folgen.

Damit Wahlkämpfe für uns sichtbar werden können, bedarf es eines enormen Aufwands bei der Planung, Organisation und Finanzierung. Politische Parteien und KandidatInnen müssen sich auf zentrale Themen festlegen und diese auch in möglichst klare Botschaften und eine einprägsame Ästhetik verpacken. Die Bildwelten, die Parteien in Wahlkämpfen gestalten, sind nicht nur Ausdruck ihrer visuellen Identität, sondern auch eines (angenommenen) Zielgruppengeschmacks. Ein Wahlkampf kann das bekannte Design einer Partei zum Zweck der Wiedererkennbarkeit fortsetzen, oder gezielt damit brechen.[1]

---

1   Im österreichischen Bundespräsidentschaftswahlkampf 2016 setzte Norbert G. Hofer, Kandidat der *Freiheitlichen Partei Österreichs* (FPÖ), das etablierte Design seiner Partei fort, während sich der unabhängige, von den *Grünen* unterstützte Kandidat Alexander Van der Bellen bei der Gestaltung seiner

Im österreichischen Nationalratswahlkampf 2019 verging kaum ein Tag, an dem nicht auf *Facebook, Twitter, Instagram* und Co Fotos oder Videos der Aktivitäten der SpitzenkandidatInnen durch deren Social-Media-Teams gepostet wurden. Sie waren unter anderem im Gespräch mit Zielgruppen, beim Händeschütteln oder beim Wandern mit UnterstützerInnen zu sehen.

Ein Wahlkampf stellt PolitikerInnen und auch JournalistInnen vor Herausforderungen. So waren beispielsweise im letzten Nationalratswahlkampf rund 40 Interview- und Debattenformate im öffentlich-rechtlichen Rundfunk und im Privatfernsehen geplant. In einem differenzierten Mediensystem ist Aufmerksamkeit eine begehrte und umkämpfte Ressource (vgl. Nolte 2005). JournalistInnen beobachten und kommentieren das Geschehen, während UserInnen in Sozialen Netzwerken einzelne Bilder und ihre potenziellen Bedeutungen diskutieren und manchmal auch bearbeiten und damit neu deuten.

Der Auslöser der vorgezogenen Nationalratswahl und damit des Wahlkampfes waren ebenfalls Bilder. Am 17. Mai 2019 berichteten die *Süddeutsche Zeitung* und das Nachrichtenmagazin *Der Spiegel* in ihren Online-Ausgaben über ein Video, das den sogenannten Ibiza-Skandal[2] auslösen und die österreichische Innenpolitik nachhaltig

---

Werbemittel deutlich vom Corporate Design der *Grünen* unterschied (vgl. Kapitel 4, Abschnitt 4.5).

2   Beim Ibiza-Skandal bzw. der Ibiza-Affäre handelt es sich um einen österreichischen Politikskandal, der im Mai 2019 zum Bruch der Regierungskoalition zwischen der *Österreichischen Volkspartei* (ÖVP) und der *Freiheitlichen Partei Österreichs* (FPÖ) führte und internationale Aufmerksamkeit erregte. Auslöser war ein Video, das im Juli 2017 wenige Monate vor der österreichischen Nationalratswahl 2017 heimlich in einer Villa auf der spanischen Insel Ibiza gefilmt worden war. Das Video zeigt ein mehrstündiges Treffen der damaligen FPÖ-Politiker Heinz-Christian Strache und Johann Gudenus mit einer vermeintlichen Nichte eines russischen Oligarchen. Im Zuge des Gesprächs kamen heikle Themen – wie beispielsweise eine Übernahme der *Kronen Zeitung* durch die Oligarchin, mögliche Staatsaufträge im Baugeschäft oder eine Beteiligung an der österreichischen Wasserversorgung – sowie mögliche politische Gegengeschäfte zur Sprache. In Folge des Skandals trat Heinz-Christian Strache am 18. Mai 2019 als österreichischer Vizekanzler und FPÖ-Parteichef zurück (vgl. Obermaier 2019; Knobbe/Obermaier 2019).

beeinflussen sollte (vgl. Al-Serori et al. 2019; Obermaier/Obermayer 2019). Der Titel dieses Buches – *Wie Bilder Wahlkampf machen* – ist also im doppelten Wortsinn zu verstehen. Denn Bilder sind nicht nur wichtige Bestandteile von Wahlkämpfen, sie können mitunter auch aktiv in das politische Geschehen eingreifen.

Bereits 2004, also lange vor Beginn des Social-Media-Zeitalters im Wahlkampf, stellten die KommunikationswissenschaftlerInnen Marion G. Müller und Thomas Knieper (2004, 7) fest, dass Politikvermittlung »kaum mehr logozentriert, sondern primär ikonozentriert« stattfinde und Wahlkämpfe sich »zunehmend zu bildliefernden Events und damit zu visuellen Erlebniswelten« wandeln. Moderne Wahlkämpfe werden nach Einschätzung der beiden WissenschaftlerInnen »visuell ausgeschmückt« und »die inhaltlichen Botschaften visuell kodiert« (ebd.). Während die Verwendung visueller Botschaften spätestens seit der Antike als fixer Bestandteil politischer Kommunikationsaktivitäten gilt, haben sich ihre Voraussetzungen in modernen Demokratien aufgrund der Verfügbarkeit einer Vielzahl von traditionellen Medien und neueren Sozialen Medien grundlegend gewandelt (vgl. Grittmann 2009, 34). Das betrifft vor allem die Häufigkeit der Verwendung von Bildmaterial sowie dessen Funktionen.

Dass Wahlkämpfe und Bilder zusammengehören, liegt auch für den Politikwissenschaftler Ulrich Sarcinelli (2011, 17) auf der Hand: Politische Kommunikation »ist nicht und war nie lediglich ein Ausdrucks- und Verständigungsmittel«, sondern stets »mit der Durchsetzung einer bestimmten Sicht von Welt, mit Macht und Herrschaft« verbunden. In Anlehnung an den Politikwissenschaftler Murray Edelman (1990, zuerst 1964 und 1971), der bereits vor einem halben Jahrhundert einen darstellenden und einen herstellenden Modus von Politik beschrieb, ist für Sarcinelli (2011, 13) die »Verbindung von ›Darstellungspolitik‹ und ›Entscheidungspolitik‹« nicht aufzulösen.

In Wahlkämpfen lässt sich Darstellungspolitik in besonders komprimierter Form beobachten. Wahlkämpfe stellen »eine politische Zäsur mit einer mehr oder weniger deutlich abgrenzbaren Phase politischer Kommunikation dar, in der besondere organisatorische, inhaltliche, personelle und kommunikative Leistungen erbracht werden« (Sarcinelli 2011, 225). Diese Leistungen unterliegen einem stetigen Prozess der Modifikation und Modernisierung. Für die Planung und Umsetzung von Kampagnen bedeutet dies beispielsweise eine frühzeitige Entwicklung von Strategien, eine Einbindung externer Agenturen und Beratungsfirmen, eine Zusammenstellung strukturierter Teams für unterschiedliche Aufgaben (z. B. Beobachten von Zielgruppen oder politischen MitbewerberInnen) oder eine Fokussierung der Kampagnenkommunikation auf die zum Zeitpunkt des Wahlkampfes üblichen Kommunikationsstrukturen (z. B. aktuell die Einbindung von Social-Media-Teams) (vgl. Bernhardt/Liebhart 2020, 110).

Ziel von Wahlkämpfen ist die Mobilisierung zur politischen Partizipation in Form von Wahlbeteiligung und die Maximierung des eigenen Stimmenanteils. Eine Wahlkampagne unterstützt dieses Ziel durch den planvollen und zielgerichteten Einsatz von Kommunikationsaktivitäten. Wenn kurzfristige und situative Faktoren an Einfluss für Wahlentscheidungen gewinnen, kommt auch der Wahlkampagne stärkere Bedeutung zu (Holtz-Bacha 2006, 12). Sie »stellt eine Form der öffentlichkeitswirksamen Imagearbeit dar«, die »einer ungefilterten Selbstdarstellung ohne Fremdeinfluss« (Schicha 2019, 5) dient und sowohl inhaltliche Positionierung als auch Abgrenzung von politischen MitbewerberInnen ermöglicht (vgl. ebd.). Wahlkampfkommunikation wird allerdings nicht nur von kurzfristigen Faktoren und Ereignissen beeinflusst, sondern auch von längerfristigen Traditionen einer politischen Kultur (Sarcinelli 2011, 230). Mit politischer Kultur sind in Anlehnung an Karl Rohe (1994) die für eine Gesellschaft maßgeblichen Grundannahmen über die politische Welt gemeint, die nicht nur den Handlungsraum der Politik abstecken, sondern auch ihre Wahrnehmung und Beurteilung durch BürgerInnen maßgeblich prägen. Politische Kultur kann als Makro-Konzept zur Kennzeichnung sozialer Aggregate verstanden werden, das zugleich einen kollektiven Deutungszusammenhang eröffnet (Schirmer 2002). Ihre Basis hat politische Kultur auf der Mikro-Ebene der Wahrnehmungen und Aktionen von Individuen und sie steht immer in einem konkreten historischen Kontext (Berg-Schlosser 2002, 301). In ihrem Beitrag zum 2019 erschienenen Band *Politische Kulturforschung reloaded –*

Neue Theorien, Methoden und Ergebnisse hat die Politologin Paula Diehl auf die rezenten Transformationen politischer Kulturen »durch politische Unterhaltung, Aktivitäten in sozialen Medien oder präpolitische kulturelle Praktiken« hingewiesen (2019, 44) und für eine Öffnung der Politischen Kulturforschung »gegenüber kulturellen Praktiken, online- und offline-Interaktionsformen, Life-Styles, massenmedialen Produktionen und Unterhaltungsformen« plädiert, um die »Machbarkeit, Sagbarkeit und Vorstellbarkeit des Politischen zu verstehen« (ebd.). Aus dieser Perspektive ist mit Politischer Kultur mehr gemeint als die Orientierung der BürgerInnen gegenüber dem politischen System. Das von Diehl vorgeschlagene Konzept einer »Politischen Kulturforschung reloaded« nimmt auch das »Zusammenwirken von kulturellen Praktiken, Diskursen, Symbolen, Bildern und Inszenierungen, mit denen Politik vorgestellt und gelebt wird« in den Blick und bezieht die symbolische und die imaginäre Dimension des Politischen mit ein. Dieser Zugang erfordert auch die Integration neuer Methoden und Theorien aus anderen disziplinären Feldern. Ein entsprechendes Potential sieht Diehl insbesondere in den Bereichen Literaturtheorie und Rhetoriktheorie sowie in den Visual Studies (ebd., 45f.).

1.1 Politische Sichtbarkeit

Nicht nur im Wahlkampf ist die Wahrnehmbarkeit von Politik eng mit der Frage der Sichtbarkeit[3] von PolitikerInnen verknüpft (vgl. Dörner 2015, 27). Der Politikwissenschaftler Andreas Dörner weist in diesem Zusammenhang auf den paradoxen Umstand hin, »dass den politischen Eliten in der Gegenwartsgesellschaft gleichzeitig ein *Bedeutungsverlust* und ein *Bedeutungsgewinn* zu attestieren ist« (ebd., 26; Hervorhebung im Original). Der Bedeutungsverlust bezieht sich auf zunehmend komplexe Entscheidungsprozesse in einem politischen Mehrebenensystem, die kaum mehr von einer

---

3 Sichtbarkeit ist in zahlreichen theoretischen Diskussionen eine wichtige Kategorie. So schreibt etwa der Politikwissenschaftler Herfried Münkler (1995) dem Verhältnis von Sichtbarkeit und Unsichtbarkeit eine konstitutive Rolle für politische Macht zu, die er mit Entscheidungsfindung und Ordnungsstiftung als grundlegende Herrschaftsfunktionen in Verbindung bringt.

Person abhängen. Der Bedeutungsgewinn wiederum bezieht sich auf die Relevanz von Personen in der medialen Politikvermittlung sowie in der Selbstdarstellung von Politik. Dörner zieht daraus den Schluss, dass Erfolg in der Politik wesentlich von der Fähigkeit zur Verbindung von Entscheidungs- und Darstellungspolitik abhängt: »Wer heute in der Politik nachhaltig erfolgreich sein will, der muss beides können: verhandeln *und* darstellen, Gremienarbeit *und* Medieninszenierung« (ebd., 27). PolitikerInnen sollten also in der Lage sein, ihre thematischen Schwerpunkte, Anliegen und Ziele sowie ihre persönlichen Eigenschaften, die sie für ein politisches Amt qualifizieren, visuell vermitteln zu können. Bestimmte Aspekte politischen Handelns wie komplexe und langwierige Entscheidungsprozesse oder Machtkämpfe und -mechanismen bleiben dabei notwendigerweise unsichtbar.

Die Kulturwissenschaftlerinnen Sigrid Schade und Silke Wenk erklären, dass »Sichtbarkeit als produktive Macht des (scheinbar) Faktischen [...] ein zentraler Faktor politischer Repräsentation« ist (Schade/Wenk 2011, 104). Sichtbarkeit hat in den Arenen der Politik mit Repräsentation und Anerkennung zu tun. Gleichzeitig ist Sichtbarkeit als Konzept nicht automatisch positiv konnotiert, sondern stets mit der Frage verbunden, »was für wen wie und warum sichtbar (gemacht) ist« (ebd.). In der Politik geht es also nicht nur »um die sichtbare Vertretung von Interessen in den politischen Institutionen und um symbolische Aushandlungsprozesse, die auf den ersten Blick die Teilhabe an Macht und Ressourcen versprechen, scheinbar bestätigen oder mit garantieren« (ebd., 105). Es geht »zugleich um das Wie des Sichtbar-Seins oder Werdens und der Darstellung, um den Wunsch nach ›angemessenen‹ und ›richtigen‹ Bildern von Menschen« (ebd.). Dabei sind vor allem marginalisierte Gruppen mit der paradoxen Situation konfrontiert, sich in dominante Bilder bestehender Repräsentationsregime einschreiben zu müssen, die nicht zwingend ihrer (Selbst-)Wahrnehmung entsprechen (vgl. ebd.).[4] Sichtbarkeitspolitiken sind

4   Im April 2017 verbreitete sich ein Foto auf *Twitter* viral, das Michelle Obama, die Gattin des ehemaligen US-Präsidenten Barack Obama, mit naturgelockten Haaren während einer Urlaubsreise zeigte. Das Foto bekam viel positiven

daher niemals neutral, sondern »schreiben sich in Repräsentationstraditionen ein« (Schade/Wenk 2011, 105), wirken an »der Naturalisierung der gesellschaftlichen Verteilung von Macht(positionen) und universalisierten Wertsetzungen« (ebd.) mit und müssen »immer auch mit dem je existenten ›kulturellen Bilderrepertoire‹ rechnen« (ebd.).

Zu diesem Bildrepertoire politischer Repräsentation zählt beispielsweise die Zuspitzung von Kommunikationsaktivitäten auf einzelne Personen, die in der wissenschaftlichen Forschung häufig mit dem Begriff der Personalisierung beschrieben wird. Dabei lassen sich unterschiedliche Formen der Zuspitzung unterscheiden: Während Individualisierung« den Fokus medialer Aufmerksamkeit auf einzelne PolitikerInnen statt auf Parteien oder Gremien richtet und sie zu zentralen AkteurInnen in der politischen Arena macht, bezeichnet Privatisierung eine Verschiebung der Aufmerksamkeit von PolitikerInnen als AmtsträgerInnen zu PolitikerInnen als Privatpersonen (vgl. Van Aelst et al. 2011, 204–205).[5]

Zuspruch und wurde als Zeichen interpretiert, dass sich die ehemalige First Lady nun nicht mehr einem von rassistischen und sexistischen Stereotypen geprägten Styling-Diktat zu unterwerfen habe, unter dem viele Women of Color leiden: »Black women intimately and painfully know that quite often in predominantly white public spaces, curly or kinky black hair can incite fascination, curiosity, or disgust. In certain settings, such as corporate offices or the military, hairstyles such as afros, cornrows, two-strand twists, or locs are labeled unprofessional or even inappropriate« (Lindsey 2017). Während ihrer Zeit als First Lady der USA war Michelle Obama ausschließlich mit geglätteten Haaren zu sehen gewesen. Die Journalistin Trevor Lindsey erklärt die positiven Reaktionen auf Obamas Locken wie folgt: »Despite her status as one of the most influential and recognizable black women in the world, the image and society's reaction to it highlight that the way black women present themselves is still a battleground filled with land mines and potential consequences. […] The image went viral because many black women do not see themselves – and, more specifically, their hair textures – celebrated and affirmed in mainstream media« (ebd.). Beim *Essence*-Festival in New Orleans im Sommer 2019 präsentierte sich Obama öffentlich in ihrem neuen Look und war im Winter 2019 auch am Cover des *Essence*-Magazins zu sehen.

5   Die Kommunikationswissenschaftlerin Christina Holtz-Bacha (2006, 13) erklärt, »dass Personalisierung nicht notwendigerweise den Verzicht auf Sachthemen bedeuten muss«. So können PolitikerInnen beispielsweise durch Bezugnahmen auf ihre Biografien Motivationen für ihr politisches Handeln

Eng damit verbunden ist eine »*Inszenierung von Zelebrität*« (Dörner/Vogt 2015, 20; Hervorhebung im Original), die nicht nur Formen der (Selbst-)Inszenierung von PolitikerInnen als Prominenz umfasst, sondern auch gemeinsame Auftritte mit Medienprominenz in Arenen der Unterhaltungs- und Populärkultur beschreibt (vgl. auch Street 2004 und 2012; Richardson 2016; West/Orman 2003).

Politische Sichtbarkeit wird nicht nur von Tendenzen der Personalisierung beeinflusst, sondern auch von einer stetigen Professionalisierung (vgl. Holtz-Bacha 2002; Tenscher 2003). Die Kampagnenforschung versteht darunter eine Einbindung professioneller AkteurInnen aus Berufsfeldern wie dem Marketing oder der PR in politische Kommunikationsaktivitäten sowie eine Orientierung an dafür typischen Darstellungsformen. Ein Indikator ist die Übernahme von Werbetechniken der Produktwerbung, wie beispielsweise der Einsatz aufmerksamkeitserregender Reize (vgl. Podschuweit 2016, 636). Professionalisierung ist also nicht als eine normative Bewertung der Qualität von Kommunikationsaktivitäten zu verstehen, sondern als Beschreibung ihrer strukturellen Verfasstheit.

1.2 Produktionskontexte von Wahlkampfbildern

Die Sichtbarkeit von PolitikerInnen ist also nicht nur wesentlich mit der Frage verbunden, welche Bilder von ihnen existieren, sondern auch mit der Frage, wer sie herstellt und in Umlauf bringt. Die sogenannten Produktionskontexte[6] von Wahlkampfbildern können sich strukturell und funktional erheblich voneinander unterscheiden, was Einfluss auf ihre Einordnung und

---

ableiten oder sich als Personen mit spezifischen Eigenschaften, Vorlieben, Positionen und Werten in einer Kampagne sichtbar machen (vgl. Kapitel 4).

6   Marion G. Müller und Stephanie Geise (2015, 25) unterscheiden zwischen sieben idealtypischen Produktionskontexten von Bildern, nämlich einem künstlerischen, einem kommerziellen, einem journalistischen, einem wissenschaftlichen, einem politischen, einem privaten und einem religiösen. Diese Kontexte lassen sich auch auf der Ebene der Rezeption von Bildern unterscheiden.

Bewertung nimmt (vgl. Knieper/Müller 2019, 519; Sikorski/Brantner 2019, 187–188).

In Wahlkämpfen sind es zunächst die wahlwerbenden Parteien oder PolitikerInnen, die die Produktion von Bildmaterial beauftragen, verantworten und bezahlen. Das Bildmaterial umfasst Wahlplakate, Fotos, Grafiken oder Videos, die über parteieigene Kanäle oder etablierte Massenmedien Verbreitung finden. Die Produktionsqualität des Bildmaterials ist vor allem in der Spitzenpolitik zunehmend professionell, was an der Einbindung kompetenter AkteurInnen (z. B. offizieller FotografInnen; vgl. Kapitel 2, Abschnitt 2.1) sowie an einer Orientierung an gängigen Mustern kommerzieller Werbung und Produktkommunikation liegt (vgl. Schicha 2019, 4). Jene Profis, die SpitzenpolitikerInnen heute in Wahlkämpfen und in der Routinekommunikation unterstützen, bringen ihre Arbeitsweisen und beruflichen Normen in die politische Kommunikation ein. Damit beeinflussen sie maßgeblich den Auftritt von PolitikerInnen. Dazu kommt, dass Bildmaterial in Wahlkämpfen häufig einen Bestandteil eines integrierten Kommunikationskonzepts darstellt (vgl. ebd.). Wahlkampfbilder sind »durch eine Reihe von Inszenierungsstrategien darauf angelegt, die Emotionen vor allem der zunehmend politikentfremdeten Wählersegmente zu mobilisieren, bei denen die Parteibindungen nachgelassen haben« (ebd., 8). Dadurch soll eine positive Identifikation mit den jeweiligen SpitzenkandidatInnen gefördert werden. Ein weiteres Ziel liegt in der Beeinflussung der Agenda massenmedialer Berichterstattung durch die Bereitstellung besonders aufmerksamkeitsstarker Bilder oder Videos. Vor allem offizielle Social-Media-Auftritte von PolitikerInnen werden von JournalistInnen immer häufiger als Quellen für Zitate und Bildmaterial sowie als Ausgangspunkt für weiterführende Berichterstattung und Kommentare genutzt (vgl. McGregor 2019). Die Politikwissenschaftlerin Shannon McGregor (ebd.) erklärt, dass JournalistInnen bei der Politikberichterstattung im Rückgriff auf Social Media öffentliche Meinungen konstruieren. Dabei greifen sie oft auf ihre eigenen, von Eliten dominierten *Twitter*-Feeds zurück, um eine vermeintliche »Stimme des Volkes« abzubilden. Eine zentrale Frage bei der Analyse von Wahlkampfbildern lautet daher, welche Motive die wahlwerbenden Parteien und PolitikerInnen bei der Verbreitung ihres Bildmaterials forcieren und welche Deutungsangebote sie mit ihrer Auswahl verbinden.

Eine weitere Instanz bei der Produktion von Bildmaterial im Wahlkampf ist die journalistische Politikberichterstattung etablierter Massenmedien. Printmedien, elektronische Medien und Onlineangebote nutzen Bildmaterial aus unterschiedlichen Quellen. Dazu zählen zunächst von FotojournalistInnen hergestellte, gegebenenfalls über Agenturen verbreitete und in Redaktionen ausgewählte Fotos, aber auch Handout Photos, die von den Kommunikationsteams der PolitikerInnen zur Verfügung gestellt werden und als PR-Bildmaterial qualifizieren. Dazu kommen die verschiedenen Formen politischer Medienpräsenz im Fernsehen, wie beispielsweise Interviews, Talkshows oder TV-Duelle. Massenmedien wählen bestimmte Aspekte des Wahlkampfgeschehens aus und verdichten sie in visueller und erzählerischer Form: »Die Berichterstattung muss bei der medialen Codierung und Formatierung der politischen Realität diese notwendigerweise verkürzen, akzentuieren und interpretieren. Die Realität wird durch die mediale Informationsverarbeitung in eine *Medienrealität* transformiert« (Schulz 2011, 68). Der Politikwissenschaftler Winfried Schulz erklärt, dass sich die Logiken einer medialen Konstruktion von Politik bisweilen erheblich von den Logiken der Politik unterscheiden können (vgl. ebd., 33). JournalistInnen sind also »keine passiven Vermittler von Realität, sondern konstruieren sie insofern mit, als sie Realität durch spezifische ästhetische Gestaltungsmittel und inhaltliche Auswahl erst Bedeutung verleihen« (Grittmann 2012, 130). Mit Blick auf ihr Publikum wirken Medien an der »Befestigung des kulturellen Status quo« (Dörner 2006, 4) mit, indem sie »Erwartungen, Normalitätsvorstellungen, Werte und Sinnkonstrukte« vorführen, stabilisieren und zu »geltenden Selbstverständlichkeiten« machen (ebd.). Glaubwürdigkeit und Erfolg von Wahlwerbung hängen demnach nicht nur von politischen KandidatInnen, »sondern auch von Darstellungstechniken, Prioritäten und Präferenzen der Medien und ihren Vertretern ab« (Podschuweit 2016, 637). Studien zeigen, dass die unterschiedliche Auswahl und Gewichtung von Bildmaterial in Zeitungen und Zeitschriften die Wahrnehmung von KandidatInnen durch potenzielle WählerInnen beeinflussen kann (vgl. etwa Goodnow 2010; Barrett/Barrington 2005; Moriarty/Popovich 1991). Die Kommunikationswissenschaftlerin Elke Grittmann betont, dass Fotos und Videos im Vergleich zur Wortberichterstattung »besonders hohe Glaubwürdigkeit und Authentizität« zukommt (Grittmann 2012, 129). Zugespitzt formuliert: Menschen vertrauen ihrer visuellen Wahrnehmung. Eine zentrale Frage bei der Analyse von Medienbildern im Wahlkampf lautet daher, welche Bilder JournalistInnen auswählen und welche Deutungsangebote sie durch ästhetische und textliche Rahmungen setzen.

Neben PolitikerInnen und Medien sind es immer häufiger auch BürgerInnen, die sich an der Produktion von Bildmaterial in Wahlkämpfen beteiligen. Vor allem in Sozialen Netzwerken sind von UserInnen hergestellte Medieninhalte (»User-Generated-Content«; vgl. Kapitel 5) zu einem fixen Bestandteil der Alltagskommunikation geworden (vgl. Lindgren 2017), bei dem die Grenzen zwischen Bildkonsum und Bildproduktion zunehmend verschwimmen. Einzelne Bilder, die Meinungen oder Sachverhalte in besonders pointierter Form zum Ausdruck bringen, haben das Potenzial zur viralen oder memetischen Verbreitung (vgl. Kapitel 5, Abschnitt 5.1). Diese Entwicklung wird durch eine zunehmende Demokratisierung der Produktions- und Verbreitungsmöglichkeiten von Bildern befördert (vgl. Bleiker 2018, 5). PolitikerInnen sind heute auch mit einem Publikum konfrontiert, das Deutungsangebote der strategischen politischen Kommunikation nicht nur kritisch hinterfragt, sondern fallweise auch mit eigenen Deutungsangeboten überschreibt. Individuelle Dispositionen wie Erfahrungen, Vorwissen, kulturelle Prägungen, Sozialisation, Normen, Werte und Überzeugungen spielen nicht nur bei der Herstellung von politischen Bildern, sondern auch bei ihrer Entschlüsselung eine wichtige Rolle (Bock/Isermann/Knieper 2011, 58). Eine zentrale Fragestellung in diesem Zusammenhang lautet, wie BürgerInnen mit Bildern umgehen, in einen politischen Diskurs intervenieren und diesen bestätigen oder ergänzen.

1.3 Wirkungspotenziale und Bildlogik

Visuelle Kommunikation spielt bei der effektiven Gestaltung politischer Botschaften eine wichtige Rolle (vgl. Kroeber-Riel/Esch 2015). Das liegt (1) an der schnellen Wahrnehmbarkeit visueller Reize, (2) ihrer automatischen Verarbeitung, (3) ihrer leichteren Erinnerbarkeit, (4) ihrem Aktivierungspotenzial sowie (5) ihren Leistungen bei der Informationsvermittlung (vgl. Esch/von Einem/Eichenauer 2018). Diese besonderen Potenziale visueller Kommunikation werden in der umfangreichen Forschungsliteratur als Bildüberlegenheitseffekt (»Picture Superiority Effect«) zusammengefasst.

Visuelle Reize werden im Vergleich zu textbasierten Informationen mit geringerer kognitiver Anstrengung wahrgenommen (vgl. Esch/von Einem/Eichenauer 2018, 142). Ein Bild mittlerer Komplexität kann in ca. 1,5 bis 2,5 Sekunden aufgenommen werden, was in etwa jener Zeitspanne entspricht, die für fünf bis zehn Worte benötigt wird (vgl. ebd., 143). Bei der Verarbeitung visueller Reize ist ebenfalls ein geringerer kognitiver Aufwand erforderlich: »Im Zuge der Bildwahrnehmung kommt es bereits ohne eine genaue Betrachtung des Objekts zu einer emotionalen Eindrucksbildung« (vgl. ebd., 144). Der geringe Aufwand bei der Verarbeitung von Bildern führt vor allem bei einem wenig involvierten Publikum dazu, in der politischen Kommunikation verstärkt auf visuelle Signale zu achten (vgl. Maurer 2016, 122). Dazu kommt eine tendenziell stärkere Glaubwürdigkeit nonverbaler Informationen. Sie erzeugen »die Illusion, eine Person oder einen Sachverhalt quasi ungefiltert mit eigenen Augen zu sehen« (ebd.). Auch bei der Erinnerbarkeit von Bildern gegenüber Sprachinformationen ist die Überlegenheit visueller Reize unumstritten, wobei sowohl inhaltliche Aspekte als auch formale Gestaltungsmerkmale Einfluss auf die Erinnerungswirkung haben (vgl. Esch/von Einem/Eichenauer 2018, 147). In einer Studie zu Wahlplakaten konnte die Kommunikationswissenschaftlerin Stephanie Geise (2011) zeigen, dass visuelle Informationen von RezipientInnen früher, länger und intensiver betrachtet werden und folglich auch besser erinnert werden als textliche Inhalte. Wenn ein Bild »imagerystark« ist und dessen

Inhalt für die EmpfängerInnen Bedeutung hat, weckt es auch die Bereitschaft, sich damit auseinanderzusetzen (vgl. Esch/von Einem/Eichenauer 2018, 147).

Auf Basis einer umfassenden Metaanalyse konnte der Kommunikationswissenschaftler Marcus Maurer die »zum Teil erheblichen Effekte nonverbaler Kommunikation auf die politische Meinungsbildung« (Maurer 2016, 122) wie folgt herausarbeiten: Gestik und Mimik beeinflussen die persuasive Wirkung von Botschaften und den Eindruck, den RezipientInnen von PolitikerInnen haben. Auch die verschiedenen Darstellungstechniken im Journalismus wie beispielsweise Kameraperspektiven oder Einstellungsgrößen können die Wahrnehmung von PolitikerInnen beeinflussen (ebd., 123).

Maurer betont, dass diese Befunde über die Effekte nonverbaler Kommunikation auf die politische Meinungsbildung allerdings unter verschiedenen Bedingungen variieren können: Die Einflüsse sind bei der Meinungsbildung über unbekannte PolitikerInnen weitaus größer als bei PolitikerInnen, von denen RezipientInnen bereits eine Vorstellung haben. Damit dürfte nonverbale Kommunikation vor allem RezipientInnen beeinflussen, »die sich nur beiläufig und oberflächlich mit Politik beschäftigen«, wobei es sich »aber um einen erheblichen Teil der Bevölkerung« handeln dürfte (Maurer 2016, 123).

Die sogenannte Bildwirkungsforschung widmet sich der Frage, was (audio-)visuelle Medien und ihre Bilder mit BetrachterInnen machen und welche direkten oder indirekten Wirkungen sie haben (vgl. Müller/Geise 2015, 86). Bildwirkungen lassen sich nur selten isoliert betrachten, weshalb »Faktoren der Bildnutzung und Bildrezeption als integraler Bestandteil der Wirkungsperspektive berücksichtigt werden« sollten (ebd.). Denn Bilder können aufgrund ihrer Mehrdeutigkeit von verschiedenen Personen bzw. in verschiedenen Kontexten unterschiedlich verstanden und interpretiert werden. Zudem ist Kommunikation kein linear ablaufender Prozess, sondern folgt einem zirkulären Modell mit Rückkopplungseffekten und Feedbackschleifen zwischen den Beteiligten (vgl. Bühler/Schlaich/Sinner 2017, 5). Obwohl politische Bildkommunikation gesellschaftspolitisch als hoch relevant einzustufen ist, sind ihre spezifischen Wirkungsweisen insgesamt noch unzureichend beforscht. Das betrifft vor allem den Einfluss unterschiedlicher kontextueller Rahmenbedingungen und Prädispositionen von RezipientInnen (vgl. Maurer 2016, 125).

Ein Grund, warum Bilder für Wahlkämpfe so interessant sind, liegt in ihrer spezifischen Logik, die sie von textlichen oder sprachlichen Vermittlungsformen unterscheidet: »Im Gegensatz zu Texten basieren Bilder nur in Ausnahmefällen auf sequenziellen und systematisch aufgebauten Codes. Vielmehr sind sie durch einen polysemischen, ambivalenten Charakter, die Prozessstufen der Bildkommunikation, ihre Wechselbeziehungen mit strukturellen Kontexten und eine stark subjektive Sinnzuschreibung geprägt« (Knieper/Müller 2019, 516). Die Kommunikationswissenschaftlerinnen Marion G. Müller und Stephanie Geise erklären, dass visuelle Kommunikation »einer eigenen, nicht rational-argumentativen, präsentativen und holistischen Logik« (2015, 37) folgt, deren Prinzip die Assoziation ist. Als Assoziationen können bewusste oder unbewusste Verknüpfungen bestehender oder entstehender mentaler Konstrukte verstanden werden (ebd.). Was bedeutet das? Im Jänner 2014 entdeckte der *Twitter*-Nutzer Thomas Regembal während eines Spaziergangs in Paris eine mit Karton befüllte Papiertonne und machte ein Foto. 2017 tauchte das Bild unter veränderten politischen Rahmenbedingungen im Netz auf – und wurde zu einem memetischen Hit. Die Satireplattform *The Poke* verbreitete das Bild auf ihrem *Twitter*-Account und sorgte prompt für Aufsehen (siehe Abbildung 1).

Aufgrund des gelben Deckels der Tonne sowie der Farbe und Stanzung des Kartons erinnerte das Foto offenbar zahlreiche UserInnen an einen Akteur auf der Bühne internationaler Politik, der 2016 zum Präsidenten der USA gewählt worden war: Donald J. Trump. Unter dem Hashtag #TheAdventuresOfDonaldTheBin folgte eine sogenannte »Photoshop Battle«, also ein inoffizieller Wettbewerb um die kreativste Bildbearbeitung, bei der zahlreiche UserInnen die Tonne in unterschiedliche Fotos montierten – beispielsweise hinter den Schreibtisch im Oval Office des Weißen Hauses oder auf den Rücken jenes Pferdes, mit dem Wladimir

The Poke ✓
@ThePoke

Here's a bin that looks like The Donald.
Please do your wonderful stuff with it.
#TheAdventuresOfDonaldTheBin

01:43 - 24. Jan. 2017

263 Retweets 329 „Gefällt mir"-Angaben

♡ 8   ⇄ 263   ♡ 329

Abbildung 1: Screenshot eines Tweets der Satireplattform *The Poke* (@ThePoke) am 24. Jänner 2017 (Copyright des Fotos: Thomas Regembal).

Putin mit nacktem Oberkörper in Sibirien fotografiert wurde (vgl. Jaruševičiūtė 2017).

Ein humorvoller Umgang mit politischem Bildmaterial ist zu einem Standard der Alltagskommunikation in Sozialen Netzwerken geworden. Was auf den ersten Blick wie ein harmloses Vergnügen von Social-Media-UserInnen aussieht – nämlich sich der assoziativen Logik von Bildern zu bedienen – stellt für die strategische politische Kommunikation ein wichtiges Werkzeug dar: »Mit Bildern lassen sich implizite Aussagen transportieren, die sprachlich nur schwer wiedergegeben werden können« (Marquart/Matthes 2013, 228). Das liegt nicht zuletzt am Umstand, dass sich Sympathie und Empathie, die als relevant für die Ausübung eines politischen Amtes gelten, kaum beschreiben lassen, ohne aufgesetzt zu wirken. Im Kampf um Aufmerksamkeit und Zustimmung gelten sie jedoch als zentral. Abstrakte Begriffe wie Demokratie sind ebenfalls nicht einfach abbildbar, »ihre Darstellung verlangt nach [...] stellvertretenden, bezeichnenden Dingen, Zeichen und/oder Symbolen, die nur durch Konventionen festgelegt und damit lesbar und verständlich sind« (Schade/Wenk 2011, 107). Dazu zählen beispielsweise die Architektur eines Parlamentsgebäudes und Nationalflaggen (vgl. ebd.).[7]

Die assoziative Logik von Bildern kann in der politischen Kommunikation aber auch negative, für PolitikerInnen unerwünschte Folgen haben. Formale und stilistische Ähnlichkeiten von Bildern bedingen inhaltliche Analogieschlüsse ungeachtet räumlicher und zeitlicher Diskrepanzen der Bildrezeption (Müller 2003, 83), wodurch Bilder »Ausschnitte der Realität zu einem enträumlichten und entzeitlichten Gesamteindruck« (ebd., 86) verdichten können. Diesen Gesamteindruck zu widerlegen erweist sich als schwierig, weil »Bilder nicht in gleichem Maße Gegenargumente hervorrufen wie Texte« (Marquart/Matthes 2013, 228)

---

[7] Der Kunsthistoriker Horst Bredekamp beschreibt in *Thomas Hobbes Visuelle Strategien. Der Leviathan: Das Urbild des modernen Staates* (2003) die bildliche Darstellung einer politischen Theorie im 17. Jahrhundert am Beispiel des Titelblattes des von Thomas Hobbes 1651 publizierten gleichnamigen staatstheoretischen Grundlagenwerks.

und auch nicht durch Argumente entkräftet, sondern »nur assoziativ widerlegt« werden können (Müller 2003, 91). Anders gesagt: Auf Bilder kann man nur mit Bildern antworten. Ein Verständnis für diese besondere »Eigendynamik« (ebd.) von Bildern im Sinne einer umfassenden visuellen Kompetenz ist daher unabdingbar (vgl. Müller 2008).

Darüber hinaus ist es wichtig, das Zusammenspiel visueller Kommunikation mit Text, Sprache oder Ton zu verstehen. Denn Bilder begegnen uns in der politischen Kommunikation kaum je in isolierter Form, sondern in der Regel gemeinsam mit anderen kommunikativen Modi. Dieses Zusammenspiel verschiedener Zeichenmodalitäten, die unterschiedliche kommunikative Leistungen erbringen, wird als Multimodalität bezeichnet. Für den Semiotiker Gunther Kress (2010, 1) stellt sie den »normal state of human communication«, also den Normalzustand menschlicher Kommunikation dar. Plakate kombinieren Bilder mit Slogans und Logos, Kampagnenvideos setzen auf das Zusammenspiel von Bewegtbild, Text- und Tonspuren und in Sozialen Netzwerken, die zunehmend visuell geprägt sind, werden Text- und Bildbeiträge kombiniert. Auch in der Politikberichterstattung von Printmedien sind Fotos von PolitikerInnen oder Aufnahmen von Wahlkampfveranstaltungen in der Regel mit Überschriften und Bildlegenden versehen und in das Layout des jeweiligen Mediums eingebettet: »Mischformen aus Bild, Text und Ton sind allgegenwärtig und durchdringen die Alltagskommunikation« (Müller 2013, 21). Als Publikum nehmen wir die einzelnen kommunikativen Modi nicht als konkurrierende Bedeutungsträger wahr, sondern erfassen sie holistisch, also in ihrem Zusammenspiel. Die Bedeutung erschließt sich vor allem auch aus dem Kontext bzw. aus der »Kombination von Bildmotiv, Bildunterschrift und Kontext« (Bühler/Schlaich/Sinner 2017, 29; Friedrich/Schweppenhäuser 2017, 16 bzw. 20–22).

1.4 FUNKTIONEN POLITISCHER BILDER

Bilder können in der politischen Kommunikation verschiedene Funktionen übernehmen. Der Politikwissenschaftler Dan Schill hat 2012 einen viel beachteten Forschungsüberblick vorgelegt, in dem er zwischen Argumentation, Agenda Setting, Dramatisierung, Emotionalisierung, Imagebildung, Identifikation, Dokumentation, Symbolisierung, Transport und Mehrdeutigkeit unterscheidet. Eine der wichtigsten Funktionen von Bildern in der Politik ist die des *impliziten Arguments* (vgl. Schill 2012, 122). Obwohl Bilder im Gegensatz zur Sprache nicht über eine Syntax verfügen, kann ihre Gegenüberstellung durch das Prinzip der Assoziation kausale Zusammenhänge, Analogien, oder Verallgemeinerungen auf implizite Weise herstellen. Dabei aktivieren Bilder das kulturelle und historische Wissen ihres Publikums. Wenn sich PolitikerInnen beispielsweise in bestimmten Settings wie Pflegeheimen, Polizeistationen oder Schulen zeigen, dann legen sie mit dem Bildmaterial Interesse für ein Politikfeld nahe. Bei Wahlkampfveranstaltungen wiederum deuten große Gruppen von UnterstützerInnen Begeisterung für die jeweiligen SpitzenkandidatInnen an (vgl. ebd., 124).

Die zweite Funktion von Bildern liegt im *Agenda Setting*. Dabei geht es um die Bereitstellung aufmerksamkeitsstarker Bilder oder Videos für Nachrichtenagenturen oder etablierte Massenmedien, die das Potenzial haben, die mediale Agenda zu beeinflussen. Das bezieht sich nicht nur auf jene Bilder, die von MitarbeiterInnen der Kommunikationsteams von PolitikerInnen angefertigt werden, sondern auch auf die Gestaltung von Photo Opportunities, bei denen JournalistInnen Fotos oder Videos aufnehmen können.

Die dritte Funktion von Bildern liegt in der *Dramatisierung* (vgl. ebd., 126). PolitikerInnen inszenieren sogenannte Medienevents, um die Aufmerksamkeit auf bestimmte Themenbereiche zu lenken und komplexe Zusammenhänge und ihre Relevanz durch einprägsame Bilder zu vermitteln. Wer beispielsweise die Auswirkungen der Klimakrise verständlich machen möchte, tut dies besser mit Bildern von Waldbränden oder Flutkatastrophen, als mit Fotos fröhlicher Badegäste in gut besuchten Schwimmbädern.

Bei der vierten Funktion von Bildern handelt es sich um *Emotionalisierung* (vgl. Schill 2012, 127). Bilder können das gesamte Spektrum menschlicher Emotionen vermitteln und bei ihren BetrachterInnen affektive Prozesse auslösen. Bei der fünften

Funktion geht es um *Imagebildung.* Hier richtet sich die Aufmerksamkeit auf die Vermittlung heuristischer Hinweise zum Hintergrund oder der Persönlichkeit politischer KandidatInnen, die in der Lage sind, erwünschte visuelle Vorstellungen – sogenannte Images – zu erzeugen (vgl. ebd., 127). Bei der sechsten Funktion handelt es sich um *Identifikation.* Visuelle Identifikationsangebote in Hinblick auf Aussehen, Verhaltensweisen oder Eigenschaften politischer KandidatInnen sollen potentielle UnterstützerInnen und WählerInnen ansprechen. Die siebente Funktion liegt in der *Dokumentation.* Bilder sollen zeigen, dass etwas »so gewesen« ist und den Bildbeweis für textliche oder sprachliche Argumente liefern. Bei der achten Funktion geht es um *Symbolisierung,* um die Nutzbarmachung der Kraft gesellschaftlich relevanter Orte, Rituale oder Symbole (vgl. ebd., 130). In österreichischen Wahlkämpfen wird diese Funktion traditionell durch den Bezug auf Landschaft oder Sport erfüllt. Bei der neunten Funktion handelt es sich um die *Transportfunktion* (vgl. ebd., 131). Der Einsatz von Bildern soll ihr Publikum assoziativ an einen anderen Ort oder in eine andere Zeit versetzen, die mit positiven Emotionen verbunden ist: »Campaign messages necessarily tell a story about what will happen if one candidate or another gets elected and thus serve as prime opportunities for examining political transportation« (McLaughlin / Velez 2019, 23). Bei der zehnten Funktion schließlich geht es um *Mehrdeutigkeit* (vgl. Schill 2012, 132). So können beispielsweise umstrittene oder negative Botschaften leichter über visuelle Andeutungen als über explizite Benennungen vermittelt werden.

Diese zehn Funktionen, die sich im Rahmen bildpolitischer Strategien ergänzen und bisweilen auch überlagern können, werden uns auch durch die folgenden Kapitel dieses Buches begleiten: Kapitel zwei widmet sich der Frage, wie PolitikerInnen ihre visuelle Selbstinszenierung in Wahlkämpfen gestalten können. Dabei erfüllen Bilder nicht nur dokumentarische Zwecke, sondern machen Identifikationsangebote und zielen auf den Aufbau bzw. die Stärkung erwünschter Images ab. Kapitel drei beschäftigt sich mit der Frage, wie sich politische Kampagnen durch ein stärkeres Zusammenwachsen von Online- und Offline-Kommunikation verändern. Bilder können eine symbolhafte Funktion übernehmen, aber auch durch Agenda Setting Themen in medialen Öffentlichkeiten setzen. Das vierte Kapitel thematisiert das Erzählen von Geschichten im Rahmen von Wahlkämpfen, das Kampagnen nicht nur dramatisiert und emotionalisiert, sondern das Publikum durch die Transportfunktion in eine wünschenswerte Zukunft versetzt. Schließlich widmet sich das fünfte Kapitel der Frage, wie das Publikum auf Wahlkampfbilder reagiert und ihre Mehrdeutigkeit vor allem in Sozialen Netzwerken für sich zu nutzen weiß.

KAPITEL 2
WIE SICH POLITIK PRÄSENTIERT: VISUELLE SELBSTINSZENIERUNG UND IMAGE MANAGEMENT

Wenn die US-Kongressabgeordnete Alexandria Ocasio-Cortez zum Smartphone greift, um auf ihrem *Instagram*-Account (instagram.com/aoc) über die Zubereitung von Mac & Cheese oder den geplanten Ankauf eines Sessels für ihre Wohnung in Washington zu sprechen, sind ihre Fans und Follower live dabei. Und sie hören ihr auch dann zu, wenn Ocasio-Cortez über die Vereinbarkeit von Beruf und Privatleben nachdenkt oder den Zusammenhang zwischen der Bewirtschaftung eines Community Gardens und der Klimakrise erklärt.

Ocasio-Cortez ist eine von vielen PolitikerInnen, die Soziale Netzwerke zur direkten und ungefilterten politischen Kommunikation nutzen. *Facebook, Twitter, Instagram* und Co haben die Möglichkeiten der visuellen Selbstinszenierung von Politik in den letzten Jahren fundamental erweitert (Leaver/Highfield/Abidin 2020, 2; Murthy 2018). Sie erlauben die Ansprache unterschiedlicher Zielgruppen und potenzieller WählerInnen, ohne dabei auf eine Vermittlung durch etablierte Massenmedien angewiesen zu sein. In Sozialen Netzwerken gestalten PolitikerInnen und ihre PR-Teams ihr eigenes Programm, weshalb vor allem in der Spitzenpolitik kaum noch jemand auf ihre Nutzung verzichten möchte. Für das Publikum ergeben sich dadurch neue, aus der medialen Berichterstattung bisweilen auch ungewohnte Perspektiven auf den Arbeitsalltag, das Politikverständnis oder die Persönlichkeit ihrer RepräsentantInnen. Das politische Tagesgeschäft und die zentralen Anliegen von PolitikerInnen können dadurch an Nachvollziehbarkeit gewinnen und Zielgruppen ansprechen, die mit der Politikberichterstattung etablierter Massenmedien schwer oder gar nicht erreichbar wären. Ein direkter, ungefilterter Kommunikationsstil wie jener von Ocasio-Cortez kann daher auch eine Funktion bei der Politisierung des Publikums erfüllen: »that is, bringing more humans, particularly young humans, into the fold and representing electoral politics as something they have a genuine stake in« (Rudd 2018). Die Medienhistorikerin Annie Rudd deutet diesen Kommunikationsstil als Weiterentwicklung etablierter Formen politischer Zielgruppenansprache. Die Offenheit des Zugangs setzt nicht nur auf eine Verbreitung von Informationen, sondern auf einen Dialog mit dem Publikum: »Rather than being captured unawares by a professional photographer, Ocasio-Cortez holds her phone herself, addressing her followers directly through her front-facing camera, but also responding to their questions, reposting their comments, and taking informal polls – making dialogue less an exceptional part of her online presence than a nearly constitutive feature of it« (ebd.).

Der Journalist Eric Andrew-Gee (2016) sieht in dieser Entwicklung nicht nur einen Bedeutungsgewinn fotografischer Bilder in der digitalen Ära, sondern auch einen strategischen Vorteil für die politische Kommunikation: »Due to the explosion of social media and the retrenchment of the traditional press, politicians have more power than ever to communicate with voters directly. Meanwhile, the Internet has given still photos a pride of place in our media culture that they haven't enjoyed since the rise of television«. Das liegt nicht zuletzt an der spezifischen Art und Weise, wie Bilder für die strategische Kommunikation der Spitzenpolitik produziert und ausgewählt werden.

2.1 OFFIZIELLE FOTOGRAFINNEN

Offizielle FotografInnen spielen bei der Produktion von Bildmaterial zur visuellen Selbstinszenierung von SpitzenpolitikerInnen eine wichtige Rolle (vgl. Andrew-Gee 2016; Bernhardt 2017; 2020; Foxall 2013; Marland 2012). Dabei handelt es sich um FotografInnen, die im Auftrag von PolitikerInnen tätig sind. Im Gegensatz zu FotojournalistInnen unabhängiger Medien oder Nachrichtenagenturen liegt ihr Auftrag nicht in einem möglichst neutralen Blick auf die politische Person oder ihre Tätigkeit. Als PR-MitarbeiterInnen gehört es zu ihren vorrangigen Aufgaben, ihre AuftraggeberInnen im bestmöglichen Licht zu zeigen.

Die Arbeit offizieller FotografInnen ist in der Regel an die Tagesabläufe und Zeitpläne von PolitikerInnen gebunden. Dabei profitieren sie von erweiterten Zugangsmöglichkeiten, einer damit verbundenen Kenntnis zentraler Schauplätze (z. B. Amtsräume) und Arbeitsabläufe sowie von der Routine und dem Vertrauensverhältnis, das aus der Zusammenarbeit erwächst: »Official photographers live or die by how much access they have« (Andrew-Gee 2016). Wer seine AuftraggeberInnen täglich mit der Kamera begleitet, ist nicht nur mit ihrer Mimik und Gestik vertraut, sondern kann auch ihre Reaktionen besser einschätzen. Offizielle FotografInnen können diese Vorteile gegenüber FotojournalistInnen nutzen, um besonders gefällige Aufnahmen zu machen. Abbildung 2 illustriert dieses Arbeitsverhältnis am Beispiel eines offiziellen Fotografen des österreichischen Bundeskanzlers Sebastian Kurz, das im Rahmen einer sogenannten Story[8] auf der Plattform *Instagram* mit Schuss-Gegenschuss-Fotos thematisiert wurde.

In der Regel obliegt offiziellen FotografInnen nicht nur die Produktion des Bildmaterials, sondern auch dessen Auswahl für eine weitere Nutzung im Rahmen strategischer Kommunikationsaktivitäten der Politik. Vor allem in der zunehmend professionalisierten Kommunikation der Spitzenpolitik werden Fotos oder Videos für die Verbreitung auf Websites oder in Sozialen Netzwerken ausgewählt. Damit erfüllen offizielle Fotos eine wichtige dokumentarische Funktion für die politische Kommunikation.

Die Bedeutung offizieller FotografInnen für die visuelle Selbstinszenierung von PolitikerInnen ist nicht zuletzt durch Pete Souza, den Fotografen des ehemaligen US-Präsidenten Barack Obama, in den Fokus internationaler Aufmerksamkeit gerückt. Souza, der bereits unter Ronald Reagan im Weißen Haus tätig war, begleitete Obamas Präsidentschaft als »Chief Official White House Photographer«. Schon davor hatte er Obama für die Zeitung *Chicago Tribune* während dessen Amtszeit als Senator fotografiert.

---

8   Zum Story-Feature der Plattform *Instagram* vgl. Kapitel 4, Abschnitt 4.4 dieses Buches.

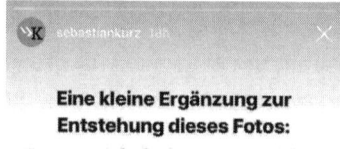

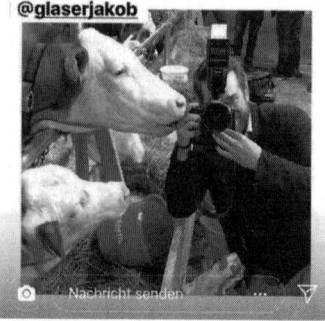

Abbildung 2: Screenshots einer *Instagram*-Story des ÖVP-Parteichefs und Bundeskanzlers Sebastian Kurz (@sebastiankurz) am 8. April 2019.

Die Bekanntheit und Popularität von Souzas Bildern hat international dazu beigetragen, dass immer mehr PolitikerInnen bei der strategischen Kommunikation auf die Arbeit offizieller FotografInnen setzen.

Zahlreiche Fotos, die Souza vom ehemaligen US-Präsidenten aufgenommen hat, zählen heute zu den bekanntesten Bildern der Obama-Ära. Das ikonische Foto aus dem Situation Room des Weißen Hauses, das während des Einsatzes zur Tötung des Terroristen Osama bin Laden am 1. Mai 2011 aufgenommen wurde (vgl. Obama White House 2011), ging um die Welt und löste nicht nur eine intensive mediale Berichterstattung, sondern auch wissenschaftliches Forschungsinteresse aus (z. B. McFarlane 2016; Przyborski/Haller 2014; Kauppert/Leser 2014). Noch heute gilt das Foto als zentrales Referenzbild für das Ereignis und macht deutlich, dass offiziellen Fotos auch eine wichtige Funktion bei der Historisierung einer Amtszeit zukommen kann. Denn über Bilder erinnern wir uns an die wichtigsten Momente und Errungenschaften von PolitikerInnen.

Ein weiteres Beispiel für die Bedeutung von Souzas Fotos ist das Bild des fünfjährigen schwarzen Jungen Jacob Philadelphia, der bei einem Besuch im Oval Office Obamas Haare berühren durfte, um zu prüfen, ob sie sich so anfühlen wie die seinen (vgl. Obama White House 2009). Das Foto verdeutlicht nicht nur die enorme symbolische Bedeutung des ersten schwarzen Präsidenten für Persons of Color in den USA (vgl. Capehart 2012), sondern illustriert auch Obamas besonderes Verhältnis zu Kindern. Die Foto- und Medienhistorikerin Annie Rudd betont, dass Obama so gut wie nie direkt in Souzas Kamera blickte und den BetrachterInnen damit den Eindruck vermittelte, mit dringenderen Angelegenheiten beschäftigt zu sein: »Paradoxically, these images served as a fairly effective means of limiting unflattering imagery; they satisfied a public desire to peek behind the facade while presenting the idea that Obama was every bit as appealing in his private moments as he was in his public ones« (Rudd 2018).

Bei der Verbreitung seiner Fotos konnte Souza den stetigen Bedeutungsgewinn Sozialer Netzwerke während der beiden Amtszeiten Obamas nutzen. Eine umfangreiche Sammlung seiner Bilder ist nach wie vor über den archivierten *Flickr*-Account »Obama White House« (flickr.com/photos/obamawhitehouse) verfügbar. Seit Obamas Amtsende tourt Souza mit Vorträgen zu seinen Fotos durch die Lande und produziert Bücher – z. B. *Shade: A Tale of Two Presidents* (Souza 2018) oder *Obama: An Intimate Portrait* (Souza 2017).

Die Arbeit offizieller FotografInnen hat freilich auch problematische Seiten – nämlich dann, wenn sie mit einer Beschränkung des Zugangs unabhängiger FotojournalistInnen, Nachrichtenagenturen oder Medien verbunden wird. Santiago Lyon, ehemaliger Vizepräsident der Nachrichtenagentur *The Associated Press* und langjähriger Fotojournalist, charakterisierte die Bildpolitik des Weißen Hauses unter Barack Obama als »Orwellsche Bildkontrolle« und unterstellte ihr eine systematische Umgehung unabhängiger Medien zur Förderung eines »sanitized visual record of his activities through official photographs and videos« (Lyon 2013). Im November 2013 beteiligte sich Lyon an einem Protest namhafter Medienorganisationen, die sich in einem offenen Brief an das Weiße Haus gewandt hatten. Kernpunkt der Kritik war die eingeschränkte Perspektive auf Politik, die durch die Linse offizieller FotografInnen entsteht.

PolitikerInnen und ihre PR-Teams stellen offizielle Fotos kostenfrei als Handout Photos für die Nutzung durch Medien zur Verfügung. Das PR-Bildmaterial wird über die Websites von PolitikerInnen und/oder über Nachrichtenagenturen verbreitet und kann aufgrund der zumeist hohen Produktionsqualität ohne Umstände in die mediale Berichterstattung übernommen werden. Je stärker unabhängige Medienorganisationen durch die schwierigen ökonomischen Rahmenbedingungen und Konkurrenzverhältnisse im Journalismus unter Druck geraten, desto größer wird die Attraktivität kostenfreier Handouts. Medien kommen so in den Genuss von Bildmaterial, ohne FotojournalistInnen zu Veranstaltungen, Pressekonferenzen oder Auslandsreisen entsenden zu müssen. Bei der Verwendung dieser Bilder stehen redaktionelle MitarbeiterInnen allerdings vor der Herausforderung, den spezifischen Produktionskontext des Materials und die damit verbundenen intendierten Deutungsangebote der strategischen politischen Kommunikation mitzudenken, um sich nicht in den Dienst der Imagepflege von PolitikerInnen zu stellen (vgl. Bernhardt/Liebhart 2018).

2.2 Photo Opportunities

Die Einflussnahme von PolitikerInnen auf ihre visuelle Selbstinszenierung ist freilich nicht auf offizielle FotografInnen beschränkt, sondern konzentriert sich auch auf die Arbeit unabhängiger FotojournalistInnen, die für Nachrichtenagenturen oder Medien tätig sind. Eine beliebte Möglichkeit der Einflussnahme sind Photo Opportunities. Bei Photo Opportunities bestimmen die OrganisatorInnen einer Veranstaltung, zu welchem Zeitpunkt, in welchem Setting und aus welcher Perspektive Fotos oder Videos von PolitikerInnen aufgenommen werden können. Darüber hinaus obliegt den OrganisatorInnen nicht nur die Auswahl, sondern auch die Gestaltung der Settings: »Das beginnt bei der Auswahl des Ortes und des Hintergrundes inklusive Schönwetter- und Schlechtwettervariante, geht über die Akkreditierungen der Fotojournalisten, die Platzierung der Fotografierten und der Fotografierenden und reicht bis hin zur Beleuchtung« (Grittmann 2009, 33). Photo Opportunities geben PolitikerInnen und ihren PR-Teams die Möglichkeit, die Blicke der anwesenden FotografInnen zu einem gewissen Grad zu beeinflussen.

Wenn die deutsche Bundeskanzlerin Angela Merkel an einer Veranstaltung teilnimmt, dann schickt die Abteilung Medienbetreuung des Bundespresseamtes im Vorfeld Empfehlungen aus, die den Ablauf und die bildliche Gestaltung der Veranstaltung betreffen (vgl. Kynast 2019). Ob Beleuchtung, Bühnengestaltung oder Absperrsystem: Merkel versucht »das Bild ihrer öffentlichen Auftritte zu kontrollieren, wo immer das in ihrer Macht liegt« (ebd.). Die deutsche Kanzlerin »weiß, wie sie gesehen werden will – und wie nicht: nicht von der Seite, nicht von unten, nicht beim Gehen« (ebd.). Einige Empfehlungen (wie beispielsweise die Vermeidung von Logos in bildrelevanten Bereichen) sind Ausdruck der Vorsicht: »Nichts soll interpretierbar sein, nichts nutzbar für Satireshows oder Verschwörungsseiten. Lieber langweilig als angreifbar« (ebd.).

Photo Opportunities werden häufig bei Pressekonferenzen, Gipfeltreffen oder Staatsbesuchen genutzt. Ein bekanntes Beispiel ist das sogenannte Familienfoto, das bei politischen Gipfeltreffen (u. a. von PolitikerInnen der Europäischen Union) aufgenommen wird. Bei diesem traditionellen Gruppenfoto der TeilnehmerInnen bilden sich die wechselnden Schauplätze in der Auswahl und Gestaltung der Settings ab (vgl. Bernhardt et al. 2009, 96–101). Ein weiteres Beispiel ist das ikonische Foto von Angela Merkel und Donald Trump während des G7[9]-Gipfels in Kanada. Das Foto wurde vom deutschen Regierungsfotografen Jesco Denzel am 9. Juni 2018 während einer Beratungssituation am Rande des Gipfels aufgenommen und über den offiziellen *Instagram*-Account der Bundeskanzlerin (vgl. Merkel 2018) sowie über den offiziellen *Twitter*-Account des deutschen Regierungssprechers Steffen Seibert (vgl. Seibert 2018) gepostet, bevor es in Sozialen Netzwerken virale Verbreitung fand, von etablierten Massenmedien übernommen wurde und durch zahlreiche Bearbeitungen einen Status als Meme erlangte (vgl. Bernhardt 2020).

Die KommunikationswissenschaftlerInnen Annekatrin Bock, Holger Isermann und Thomas Knieper haben sich eingehend mit dem Prozess der Bildkommunikation im Rahmen politischer Gipfel beschäftigt. Die AutorInnen erklären, dass dieser Prozess »durch einen hohen Grad an individueller Einflussnahme der beteiligten Akteure« gekennzeichnet ist, bei dem »vor allem die Berater- bzw. Strategie-Instanz, der Abgebildete, der Bildproduzent, der Medienbetrieb und der Bildrezipient« relevant sind (Bock/Isermann/Knieper 2011, 57). In ihrem Modell struktureller Kontexte der Bildkommunikation unterscheiden sie zwischen einem Konzeptbild, einer Bildquelle, einem Transferbild und einem Medienbild (ebd., 59). Das Konzeptbild wird durch BeraterInnen und StrategInnen erdacht. Im Fall des berühmten

9   Die G7 (Gruppe der Sieben) ist ein informelles Forum der Staats- und RegierungschefInnen aus sieben Industrieländern, die sich zu jährlichen Gipfeltreffen versammeln. Aktuell gehören Deutschland, Frankreich, Großbritannien, Italien, Japan, Kanada und die USA zur Gruppe der Sieben. Außerdem nimmt die Europäische Union an den Treffen teil.

G7-Fotos handelt es sich um jene Personen, die eine Photo Opportunity für die Beratungssituation festgelegt haben. Bei der Bildquelle handelt es sich um das Ereignis selbst, also die Beratungssituation während des Gipfels, in der FotografInnen auf die verhandelnden PolitikerInnen treffen und zu ProduzentInnen von Transferbildern werden, die wiederum von Kommunikations- und Social-Media-Teams betextet und dem Medienbetrieb zugeführt werden (vgl. Bernhardt 2020).

Die Kulturwissenschaftlerin Kiku Adatto hat sich in ihrem Buch *Picture Perfect: Life in the Age of the Photo Op* (2008) eingehend mit Photo Opportunities beschäftigt, die das komplexe Verhältnis zwischen der visuellen Selbstinszenierung von Politik und der zeitgenössischen Medienlandschaft verdeutlichen. Adatto erklärt, dass US-Präsidenten seit jeher die während ihrer Amtszeit zentralen Massenmedien für ihre Inszenierungen zu nutzen wussten. Ein »setting up« von Medienevents wurde allerdings erst unter Ronald Reagan perfektioniert. Die zunehmend professionalisierte Bildgestaltung auf Seiten der Politik führte auf Seiten der etablierten Massenmedien zum Bedürfnis, die zugrunde liegenden Strategien aufzudecken und für das Publikum sichtbar zu machen. Adatto erklärt, dass es in der zeitgenössischen medialen Politikberichterstattung mindestens so sehr um die Art und Weise der Selbstinszenierung von PolitikerInnen geht, wie um ihre Ankündigungen und Inhalte (vgl. ebd., 9). Adatto sieht in dieser Entwicklung die Gefahr, dass manche FotojournalistInnen geradezu auf Fehler oder »Hoppalas« von PolitikerInnen warten, um deren Inszenierungen bewusst zu unterlaufen: »The more the politicians seek to control their images, the greater the temptation among reporters and photographers to beat them at their own game, to deflate their media events by magnifying a minor mishap into a central feature of the event« (ebd., 13).

Als beispielsweise der kanadische Premierminister Justin Trudeau 2017 zum Antrittsbesuch beim US-Präsidenten Donald J. Trump eingeladen war, entstand im Rahmen einer Photo Opportunity ein ungewöhnliches Bild, das für Aufsehen und Unterhaltung in Sozialen Netzwerken sorgte (vgl. Lamarque 2017 zit. n. Katz 2017). Das Foto wurde kurz vor dem obligatorischen Handschlag der beiden Politiker im Zuge einer Pressekonferenz im Oval Office des Weißen Hauses aufgenommen. Trudeau blickt dabei auf die ausgestreckte Hand seines Gegenübers und sieht so aus, als würde er zögern, sie zu schütteln. Das Foto verbreitete sich in Sozialen Netzwerken viral und wurde mit zahlreichen ironischen Kommentaren (z. B. »Justin Trudeau is all of us«) versehen. Ohne das entsprechende Kontextwissen – Trudeau und Trump haben einander selbstverständlich die Hand geschüttelt und einen diplomatischen Eklat vermieden – ist das Foto für unterschiedliche Deutungen offen, die mit dem tatsächlichen Ablauf des Zusammentreffens nichts zu tun haben müssen: »When a picture is ripped and shared – an unquantifiable occurrence today, and which is the case here – there is breathing room for the audience to read too little, or too much, into the reality of the moment« (Katz 2017).

Das Unterlaufen politischer Inszenierungen im Rahmen von Photo Opportunities bietet FotojournalistInnen allerdings auch die Möglichkeit, mit ihren Bildern eine Situation oder einen spezifischen Zusammenhang in der Politik zu thematisieren. Der Fotojournalist Matthias Cremer von der österreichischen Tageszeitung *Der Standard* fotografierte den ehemaligen Bundeskanzler Werner Faymann bei einer Pressekonferenz aus einer Perspektive, die Faymanns Kopf unmittelbar unter der Krone des Adlers am Bundeswappen zeigte (vgl. Cremer 2011). Mit dem gekrönten Kanzler kommentierte Cremer auf subtile Weise das Naheverhältnis Faymanns zum auflagenstärksten österreichischen Boulevardblatt *Kronen Zeitung*, das sich unter anderem in regelmäßigen Inseratschaltungen manifestiert hat. Derartige Fotos bringen nicht nur Ambivalenzen zum Ausdruck, die sich der sprachlichen Vermittlung entziehen, sondern machen auch die Grenzen einer Kontrollierbarkeit von Photo Opportunities deutlich.

Gerade der Auftritt in medialen Öffentlichkeiten ist für PolitikerInnen also nicht nur mit Inszenierungschancen, sondern auch mit Risiken verbunden. Diesen Risiken versuchen PolitikerInnen mit »Techniken der Kontingenzbewältigung« (Dörner / Vogt 2015, 21) wie beispielsweise Mediencoaching oder Sprechschulung zu begegnen, um »Inszenierungsdominanz« (ebd.) zu erlangen. Wenn dieses »*Kontingenzmanagement*« (ebd.; Hervorhebung im

Abbildung 3: Interview mit der SPÖ-Parteivorsitzenden Pamela Rendi-Wagner am 26. Mai 2019.

Original) fehlt, können sich Pressekonferenzen, TV-Auftritte oder Photo Opportunities für PolitikerInnen als problematisch erweisen. Diese Erfahrung machte Pamela Rendi-Wagner, Vorsitzende der *Sozialdemokratischen Partei Österreichs* (SPÖ), nachdem sie am 26. Mai 2019 in einem ZIB2-Interview den Beschluss ihrer Partei bekannt gegeben hatte, nicht nur Bundeskanzler Sebastian Kurz, sondern auch der gesamten Bundesregierung das Vertrauen zu entziehen (vgl. Heidegger 2019). Die Bekanntgabe erfolgte im Rahmen eines Interviews, das zu nächtlicher Stunde im Freien veranstaltet und live vom *Österreichischen Rundfunk* (ORF) übertragen wurde. Rendi-Wagner präsentierte sich den wartenden JournalistInnen bei spärlicher Beleuchtung. Direkt hinter ihr waren Mitglieder des SPÖ-Parteipräsidiums aufgestellt – wohl um in diesem innenpolitisch bedeutsamen Moment Geschlossenheit und Rückhalt zu suggerieren (siehe Abbildung 3).

Die für ein Interview denkbar ungünstig gewählte Inszenierung legte zahlreichen BeobachterInnen allerdings andere Assoziationen nahe, die der Journalist Sebastian Fellner in einem Artikel in der Tageszeitung *Der Standard* pointiert zusammengefasst hat: »Im Finsteren stand Pamela Rendi-Wagner auf dem Heldenplatz, notdürftig beleuchtet, das schwarze Mikrofon mit beiden Händen fest umklammert. […] Da war gerade entschieden worden, dem

Kanzler das Misstrauen auszusprechen. Für eine Oppositionspartei ein erklärbarer, vielleicht sogar ein selbstverständlicher Akt, der Österreich laut SPÖ nicht ins Chaos stürzt. Rendi-Wagner ließ es durch das selbst ausgesuchte Interviewsetting wirken wie eine Grabrede auf die Republik« (Fellner 2019).

Die Wahrnehmung des Interviews als »Grabrede« war nicht nur dem bizarr anmutenden Setting geschuldet, sondern auch dem diskursiven Kontext – also jenen Themen und Schwerpunkten medialer Berichterstattung, die das Ereignis in zeitlicher Nähe begleitet haben. Dazu zählte beispielsweise die Berichterstattung über parteiinterne Kritik an Pamela Rendi-Wagner. Die intendierte Darstellung von Geschlossenheit und Rückhalt der Partei wurde in der öffentlichen Wahrnehmung ins Gegenteil verkehrt und als Sinnbild einer schwierigen Ausgangslage Rendi-Wagners als SPÖ-Spitzenkandidatin im Nationalratswahlkampf 2019 gedeutet. In weiterer Folge wurden Bilder des Interviews nicht nur in Sozialen Netzwerken verbreitet und kommentiert, sondern auch mehrfach in etablierten Massenmedien (wie beispielsweise im Rahmen des Sommerinterviews mit Pamela Rendi-Wagner in der ORF-Nachrichtensendung *ZIB2* oder im Rahmen des ORF-Sommergesprächs am 26. August 2019) eingespielt, um auf eine Pannenserie der SPÖ und ein fehlendes inszenatorisches Konzept im Wahlkampf hinzuweisen. Das Beispiel zeigt, dass sich Bilddeutungen durch häufige Wiederholungen verfestigen können – und zwar so lange, bis die Bilder einen Zusammenhang symbolisch und scheinbar ohne weiteren Erklärungsbedarf repräsentieren. Die Negativkarriere des Bildes als eines Schlüsselbildes[10] des Wahlkampfes hat freilich nicht nur mit der missglückten Beleuchtung und der Aufstellung von SPÖ-Parteimitgliedern zu tun, sondern auch mit uneingelösten Erwartungen an die professionelle Inszenierung eines innenpolitisch bedeutsamen Moments.

---

10   Der Begriff bezieht sich auf Bilder, »die den ›Schlüssel‹ für eine Nachricht bilden, in denen die Nachricht auf eine Formel gebracht wird« (Ludes 2001, 67).

2.3 Inszenierung und Authentizität

Ein Begriff, der im Zusammenhang mit Photo Opportunities immer wieder Verwendung findet, ist jener der Inszenierung. In der politischen Kommunikationsforschung lassen sich Inszenierungen als öffentliche Präsentation von PolitikerInnen und als »bewusst gestaltete Realität« (Müller/Geise 2015, 34) beschreiben, deren Ziel in der Beeinflussung gewünschter Images liegt (ebd., 35). Im Gegensatz zu seinem alltagssprachlichen Gebrauch wird der wissenschaftliche Inszenierungsbegriff nicht wertend verwendet, sondern bezeichnet eine analytische Kategorie zur Beschreibung öffentlicher Zurschaustellungen von Personen. Die KommunikationswissenschaftlerInnen Andreas Dörner und Ludgera Vogt erklären, dass PolitikerInnen in ihren Inszenierungen »eine bestimmte Relation zwischen den beiden Selbst-Rollen des professionellen Politikers und der des Privatmenschen herstellen« müssen, wobei die Relation »je nach dem Ziel der Inszenierung und dem angestrebten Image, aber auch nach der ›hinter‹ der Rolle stehenden Person (wie viel Privatperson möchte ich darbieten?) sehr unterschiedlich sein« kann (Dörner/Vogt 2015, 18). Die Rolle der Privatperson kann strategisch in die Inszenierung eingebracht werden (z. B. über Hobbies, persönliche Leidenschaften oder die Familie), um ein sympathisches Image zu fördern (Dörner/Vogt 2015, 18; Hans 2015, 491f.).

Der inszenatorische Charakter visueller Selbstpräsentation in der Politik kommt auf verschiedenen Ebenen des Kommunikationsprozesses zum Ausdruck: Zunächst liegt er in der Auswahl bestmöglicher Fotos aus einer Vielzahl von Bildern, die während eines Ereignisses (z. B. einer Wahlkampfveranstaltung) oder während einer vorab definierten Photo Opportunity (z. B. eines Pressefoyers) aufgenommen werden. Im Auswahlprozess liegt ein wesentlicher Aspekt der Inszenierung im Sinne bewusst gestalteter Realität, denn er erlaubt nie einen *umfassenden*, sondern stets nur einen *selektiven* Blick.

Bei der Auswahl durchläuft das Bildmaterial einen Prozess der Autorisierung, der ihm einen repräsentativen Status für das Ereignis verleiht (vgl. Bernhardt 2020). PolitikerInnen werden durch diesen Auswahlprozess zu einer kuratierten Persona, die sich der Öffentlichkeit mit strategischem Kalkül präsentiert. Dieser Autorisierungsprozess ist für BetrachterInnen des Bildmaterials in der Regel nicht transparent. Nach welchen Kriterien das Bildmaterial ausgewählt und mit welchen Texten, Hashtags oder grafischen Elementen es für die weitere Verwendung versehen wird, obliegt offiziellen FotografInnen oder Mitgliedern von PR-Teams. Hashtags wie beispielsweise #behindthescenes vermitteln BetrachterInnen den Eindruck, es mit spontaner und beiläufiger Kommunikation zu tun zu haben.

Eine weitere Ebene der Inszenierung liegt in der Verbreitung des Bildmaterials über offizielle Websites und Soziale Netzwerke von PolitikerInnen sowie als Handout Photos für Agenturen oder etablierte Massenmedien. Wie bereits beschrieben erfüllt das Bildmaterial nicht nur eine wichtige dokumentarische Funktion, sondern dient immer auch dem Aufbau bzw. der Stärkung von Images.

PR-Teams von PolitikerInnen sind stets bemüht, auf das vermeintliche Fehlen einer Strategie bei der Produktion, Auswahl und Verbreitung von Bildmaterial zur visuellen Selbstinszenierung hinzuweisen. Das liegt nicht zuletzt am Authentizitätsanspruch, der immer wieder an die Selbstdarstellung von PolitikerInnen formuliert wird. Die wahrgenommene Authentizität von PolitikerInnen gilt als wichtiges Kriterium für ihre Glaubwürdigkeit und die daraus resultierende Zustimmung (vgl. Schicha 2002, 6). Der Kommunikationswissenschaftler Christian Schicha erklärt, dass Authentizität im Alltagsverständnis mit Zuverlässigkeit, Redlichkeit, Aufrichtigkeit, Unverfälschtheit und Eigenständigkeit assoziiert wird: »Wer sich authentisch verhält, hat nichts zu verbergen« (Schicha 2013). Authentizität wird in der politischen Kommunikation daher häufig als positiver Gegensatz von Inszenierung verstanden. »Mit Inszenierung verbindet sich die Vorstellung eines absichtsvollen Handelns, das seine Effekte gegenüber einem Publikum ins Kalkül zieht. Das Authentische dagegen scheint aus sich selbst heraus zu bestehen – es ist, wie es ist« (Schultz 2003, 11). Für die Selbstdarstellung von PolitikerInnen bedeutet das, dass sie es mit einer ständigen »Ambivalenz zwischen Authentizität und Inszenierung« (Schicha 2013) zu tun haben: Sie müssen ihre Inhalte und Ziele nicht nur sachlich und glaubwürdig in Abgrenzung zu den Positionen ihrer MitbewerberInnen vertreten, sondern auch emotional, einprägsam und ästhetisch anschlussfähig an unterschiedliche Zielgruppen vermitteln (vgl. ebd.).

Gerade fotografische Bilder sind in diesem Zusammenhang ein wichtiger Faktor, weil ihre Authentizitätseffekte zu einer tendenziell höheren Glaubwürdigkeit beitragen (vgl. Grittmann 2012, 129). Bestimmte Ästhetiken unterstützen diese »Authentizitätsfiktion« (Grittmann 2009, 35): dazu gehören ein Blick der BetrachterInnen auf Augenhöhe, der Verzicht auf starke Auf- oder Untersicht, aber auch die Darstellung vermeintlich unbeobachteter Augenblicke, die flüchtig und spontan wirken sollen (ebd.).

Im Rahmen des österreichischen Nationalratswahlkampfes 2019 veröffentlichte Beate Meinl-Reisinger, Vorsitzende und Spitzenkandidatin der Partei NEOS – *Das Neue Österreich und Liberales Forum*, auf ihrem *Instagram*-Account ein Foto, das sie – wie wir dem Hashtag #Meeting entnehmen können – bei einem Arbeitstreffen zeigt (siehe Abbildung 4). Die Politikerin ist seitlich von hinten an einem Besprechungstisch fotografiert, auf dem verschiedene Gegenstände wie Unterlagen oder Wassergläser unscharf erkennbar sind. Meinl-Reisingers Blick ist auf die andere Seite des Tisches gerichtet – vermutlich auf eine Person, die sich nicht im Bild befindet. Mit ihrem linken Arm stützt die Politikerin den Kopf ihrer kleinen Tochter, die aus einem Fläschchen trinkt. Über Meinl-Reisingers linker Schulter hängt eine bedruckte Stoffwindel. Mit dem Foto legt die NEOS-Spitzenpolitikerin ihren *Instagram*-Followern assoziativ verschiedene Themen wie die Vereinbarkeit von Familie und Beruf oder die Doppelbelastung durch Care-Arbeit nahe, ohne sie explizit anzusprechen. Sie nutzt die besondere Stärke visueller Kommunikation, um Vorstellungen zu aktivieren. Die Kameraperspektive suggeriert, dass es sich um eine spontane Aufnahme handelt (vgl. Bernhardt 2019b).

Diese Ästhetik wird von der Anthropologin und Influencer-Forscherin Crystal Abidin (2017) als »calibrated amateurism« beschrieben. Das heißt, dass sich jemand eines amateurhaften Stils bedient, um Authentizität innerhalb einer bestimmten Zielgruppe zu vermitteln – ungeachtet dessen, ob es sich tatsächlich

Abbildung 4: *Instagram*-Eintrag der NEOS-Parteichefin und Spitzenkandidatin Beate Meinl-Reisinger (@beate_meinl_reisinger) während des österreichischen Nationalratswahlkampfes 2019.

um AmateurInnen, oder um Profis handelt. Meinl-Reisingers Eintrag wurde mit zahlreichen positiven Reaktionen ihrer Follower belohnt. Offenbar erschien ihnen die Szene besonders glaubwürdig.[11]

Authentizität geht also nicht von PolitikerInnen selbst aus, sondern wird ihnen zugeschrieben (Hans 2015, 157). Sie lässt sich als relationales Konzept begreifen, das nicht nur von den kommunizierenden PolitikerInnen, ihren Inhalten und Kommunikationsformen abhängt, sondern auch wesentlich von den AdressatInnen, auf die sich die vermittelten Deutungsangebote beziehen.

Ein Authentizitätseindruck lässt sich aber nicht nur durch vermeintlich beiläufige, amateurhafte Schnappschüsse vermitteln, sondern auch durch gut organisierte Photo Opportunities. Im Vorwahlkampf zur US-Präsidentschaftswahl 2020 hat die Kandidatin Elizabeth Warren das Posieren für Fotos mit UnterstützerInnen zu

---

11   Die positiven Reaktionen auf Meinl-Reisingers *Instagram*-Eintrag machen deutlich, dass Soziale Netzwerke die politische Kommunikation bei der Einschätzung eines Zielgruppengeschmacks und folglich auch bei der Weiterentwicklung kommunikativer Strategien unterstützen können.

einem integralen Bestandteil ihrer Digitalstrategie gemacht. Bei ihren Wahlkampfveranstaltungen wurde eine sogenannte »selfie line« organisiert, bei der sich UnterstützerInnen für ein Foto mit Warren anstellen konnten (vgl. Kaplan/Kalifa/Weingart 2019).[12] In den gut orchestrierten Ablauf der »selfie line« waren acht MitarbeiterInnen Warrens eingebunden: sie nahmen den wartenden Personen Smartphones, Jacken und Taschen ab, fotografierten mit deren Smartphones, gaben sie den TeilnehmerInnen zurück und bedankten sich für den Besuch der Veranstaltung.[13]

Das Posieren mit UnterstützerInnen ist in der Politik selbstverständlich kein neues Phänomen. Warrens Strategie unterschied sich von anderen durch den hohen Organisationsgrad und die Bedeutung des Bildmaterials für die Kampagne, den Warrens Sprecherin Saloni Sharma in einem Interview mit dem *TIME*-Magazine folgendermaßen erklärte: »The selfie lines are a chance for people to get in a question, talk about issues that matter to them, or pass her a note they really want her to read [...] We're building a grassroots movement, person to person, face to face« (Alter 2019). Es geht also um die Möglichkeit eines kurzen persönlichen Kontakts mit der Kandidatin sowie um einen Austausch von Ideen im Rahmen der Kampagne. Mit ihrer Selfie-Strategie grenzte Warren sich aber auch von ihren demokratischen Mitbewerbern Joe Biden und Pete Buttigieg ab, bei denen gemeinsame Fotos eher GroßspenderInnen und prominenten Persönlichkeiten vorbehalten blieben (vgl. Jennings 2019).

---

12   Die Bezeichnung »selfie line« folgt nicht einer engen Definition des Selfies, die Selbst- oder Gruppenportraits mit der Frontkamera eines Smartphones beschreibt, die mit ausgestrecktem Arm oder Selfie-Stick aufgenommen werden. In der »selfie line« sind es nicht die BesitzerInnen der Smartphones, sondern die MitarbeiterInnen der Kampagne, die sich um die Fotos kümmern. Es geht also um eine konventionalisierte Bedeutung des Selfie-Genres als »person-to-person interaction preserved in technological perpetuity« (Jennings 2019).

13   Die *New York Times* hat den typischen Ablauf einer »selfie line« rekonstruiert und in einer animierten Grafik auf ihrer Website veranschaulicht (vgl. Kaplan/Kalifa/Weingart 2019).

Eine zentrale Funktion erfüllte die Fotografin Nora Kate Keefe, die in der »selfie line« unterschiedliche Interaktionsmomente zwischen Warren und ihren UnterstützerInnen aufnahm: »[One of her] signature techniques is to take photos throughout a voter's interaction with Ms. Warren – not just when they pose for a picture. Voters are then pleasantly surprised to find a collection of pictures showing them meeting Ms. Warren, rather than a single snapshot« (Kaplan / Kalifa / Weingart 2019).

Das Bildmaterial diente nicht nur als Souvenir und Erinnerung an die Veranstaltung, sondern auch als »Bildbeweis« eines persönlichen Kontakts mit der Kandidatin und dem Aufbau einer Bindung mit UnterstützerInnen, die die Fotos im Anschluss an die Veranstaltung über ihre eigenen Social-Media-Kanäle verbreiteten: Warrens »campaign has prioritized building individual connections with specific voters, and – more importantly – creating tiny pieces of organic digital content that those grassroots supporters then blast to their own social media networks to express their support« (Alter 2019).

Im Beitrag des *TIME*-Magazines wurde unter anderem der Student Noah Wick zitiert, der seine Motivation zur Verbreitung der Bilder folgendermaßen erklärte: »A big part of me posting social media is showing my friends how much I care […] If I can bombard them with this stuff, maybe one more person will vote« (Alter 2019). Für die Studentin Jocelyn Roof wiederum war es ein Anruf Warrens, der die junge Frau zu einer begeisterten Unterstützerin des Wahlkampfes gemacht hat. In besagtem Telefonat bedankte sich Warren persönlich für eine Spende von 25 Dollar. Roof postete ein überraschtes Selfie auf *Twitter*, das von Warren mit den Worten »I'm so glad we got to talk!« retweetet wurde (vgl. ebd.).

2.4 IMPRESSION UND IMAGE MANAGEMENT

Das komplexe Verhältnis zwischen Denkbildern und Abbildern zählt zu den zentralen Themen der visuellen Kommunikationsforschung (vgl. Müller 2003; 2011; Müller / Geise 2015). Im Anschluss an den Kulturwissenschaftler und Kulturhistoriker Aby Warburg lassen sich Denkbilder als immaterielle, mentale Bilder oder Vorstellungen beschreiben, während Abbilder prinzipiell über den Sehsinn wahrnehmbare, materielle Bilder bezeichnen (vgl. Ludwig/Treml/Weigel 2018). Abbilder erzeugen korrespondierende Denkbilder. Ein Denkbild wiederum setzt nicht zwingend ein Abbild voraus oder muss sich als solches manifestieren (vgl. Müller 2003, 22). Diese Unterscheidung zwischen äußeren Bildern (»pictures«) und inneren Bildern (»images«) findet sich auch in den einflussreichen Arbeiten des Kulturwissenschaftlers William J. T. Mitchell (1990, 19–24), der den Begriff des »pictorial turn« im Sinne einer verstärkten Aufmerksamkeit für visuelle Phänomene geprägt hat (ebd., 11–34). Innere Bilder können in Wahrnehmungs- und Gedächtnisbilder unterteilt werden (vgl. Esch/von Einem/Eichenauer 2018, 146–147). Wahrnehmungsbilder entstehen beim Anblick einer Person, eines Gegenstandes oder ihrer Bilder. Gedächtnisbilder wiederum können selbst dann abgerufen werden, wenn weder die Person, der Gegenstand noch ihre Bilder vorhanden sind. So sind beispielsweise auf den offiziellen Sozialen Netzwerken des österreichischen Bundespräsidenten Alexander Van der Bellen immer wieder Fotos zu sehen, die ihn bei der Nutzung öffentlicher Verkehrsmittel zeigen. Der Bundespräsident teilt damit nicht nur mit, dass er in seiner Funktion häufig unterwegs ist, sondern legt auch nahe, dass er auf eine klimaschonende Form der Fortbewegung Wert legt.

Bereits 1969 erklärte der Soziologe Erving Goffman, dass AkteurInnen ihre Selbstdarstellung und Selbstthematisierung im Sinne eines »impression management« (Goffman 1969, 189ff.) modulieren können. Mit Blick auf die visuelle Selbstinszenierung von PolitikerInnen bedeutet dies, dass Bildmaterial Vorstellungen über PolitikerInnen, ihre persönlichen Eigenschaften, ihr Amtsverständnis und ihre Arbeit beeinflussen kann. Durch die gezielte Auswahl und Gewichtung von Bildern lassen sich Themenfelder, Politikbereiche und persönliche Eigenschaften betonen, die PolitikerInnen besonders wichtig sind oder strategisch relevant erscheinen. Indem Bilder unsere Vorstellungswelten aktivieren, tragen sie zur Konstruktion von Images bei, die Realitätsdeutungen anleiten können (vgl. Kautt 2008, 15). Wie bereits erwähnt zielen Inszenierungen in der Politik also auch auf die bewusste Modellierung intendierter Images ab (Müller/Geise 2015, 35). »Als mentales Bild ist ein Image vor allem eine *visuelle Vorstellung*« (ebd.; Hervorhebung im Original). Diese visuelle Vorstellung ist »nicht objektiv, eindeutig und umfassend, sondern subjektiv und damit mehrdeutig, selektiv, häufig stereotyp und häufig unbewusst« (ebd.). Erfolgt die Auswahl und Gewichtung von Bildern in der Politik also planvoll mit dem Ziel der Beeinflussung von Images, ist von »Image Management« die Rede.

Die Kommunikationswissenschaftlerin Elke Grittmann hat in zahlreichen Studien gezeigt, dass Bilder in der Politik einer stetigen Wiederholung unterliegen und dabei auf etablierte Traditionen der Darstellung zurückgreifen (vgl. etwa Grittmann 2007; 2009; 2012; 2018 bzw. Grittmann/Ammann 2011). Im Anschluss an den Kunsthistoriker Erwin Panofsky (1978) verwendet Grittmann den Begriff des »Bildtyps«, um diese motivischen Repertoires zu beschreiben. Die Bildtypenanalyse untersucht (u. a. politische) Ikonografien in ihren je spezifischen kulturellen und historischen Kontexten und geht den mit Bildern artikulierten Vorstellungen und Ideen auf den Grund (vgl. Grittmann/Ammann 2011). Ein Bildtyp bezeichnet wiederkehrende Motive, die einander auf der Typenebene möglichst ähnlich sind, während sich die einzelnen Typen möglichst klar voneinander unterscheiden lassen (vgl. Grittmann 2018, 197). Abbildung 5 und Abbildung 6 zeigen den Bildtyp der Medienarbeit, der SpitzenkandidatInnen in Interviewsituationen, bei Pressekonferenzen oder bei von Medien organisierten Veranstaltungen zeigt: »Dazu zählen Studiosettings, die Präsenz von Kameras und Mikrofonen sowie Gesprächssituationen mit JournalistInnen« (Bernhardt/Liebhart 2017, 157).

Elke Grittmann (2009, 36) erklärt, dass sich Politik in einer personalisierten Form präsentiert und »zur Angelegenheit einzelner Personen gemacht« wird. Diese Einzelpersonen treffen in Gesprächssituationen aufeinander, in denen Politik als Diskurs sichtbar gemacht wird: »Politik vollzieht sich als Rede, als informelles Gespräch, im Treffen und in der offiziellen Runde« (ebd.). Dazu kommen Bildtypen, »die eindeutig der symbolischen Politik zuzuordnen sind und sich weniger auf offizielle Staatsrepräsentationen, denn auf Legitimationsstrategien von Politikerinnen und Politikern konzentrieren« (Grittmann 2009, 36).

Abbildung 5: *Instagram*-Eintrag von Werner Kogler (@werner_kogler), Bundessprecher und Spitzenkandidat der *Grünen*, während des österreichischen Nationalratswahlkampfes 2019.

Abbildung 6: *Instagram*-Eintrag der SPÖ-Parteivorsitzenden und Spitzenkandidatin Pamela Rendi-Wagner (@rendi_wagner) während des österreichischen Nationalratswahlkampfes 2019.

PolitikerInnen präsentieren sich gerne als Mann oder Frau des Volkes und »Menschen von nebenan« (Grittmann 2009, 36) oder treten als fürsorgliche VolksvertreterInnen in Erscheinung, die sich um bestimmte gesellschaftliche Gruppen kümmern (vgl. ebd.). Der Bildtyp »Bad in der Menge«[14] soll die Beliebtheit von PolitikerInnen veranschaulichen, während der sogenannte »Glad-to-See-You«-Typ PolitikerInnen als den BürgerInnen freundlich zugewandt präsentiert (vgl. Glassman/Kenney 1994). Dieser Bildtyp wurde beispielsweise im österreichischen Bundespräsidentschaftswahlkampf 2016 von Norbert G. Hofer, dem Kandidaten der *Freiheitlichen Partei Österreichs* (FPÖ), intensiv genutzt, um sich als »Kandidat des Volkes« zu präsentieren (vgl. Bernhardt/Liebhart 2017, 163; siehe Abbildung 7). Auch Sebastian Kurz, Parteichef und Spitzenkandidat der *Österreichischen Volkspartei* (ÖVP), setzte diese Strategie im österreichischen Nationalratswahlkampf 2019 ein (siehe Abbildung 8).

In Anlehnung an Elke Grittmann hat die Kommunikationswissenschaftlerin Ramona Weise die mediale Bildberichterstattung über weibliche Politikerinnen in Deutschland analysiert und fünf verschiedene Darstellungstypen unterschieden: die Volksnahe, die Mütterliche, die Moderne, die Parteifrau und die Starke (vgl. Weise 2018, 118).

Der Bildtyp der *Volksnahen* zeichnet sich dadurch aus, dass die Bilder nicht einem politischen, sondern einem informellen oder gesellschaftlichen Kontext entstammen. Er symbolisiert Interesse und Einsatz für BürgerInnen und potenzielle WählerInnen und kann auf zwei unterschiedliche Arten umgesetzt werden: »Bei der *Bodenständigen* werden die Frauen durch die Repräsentation von Hobbys oder persönlichen Vorlieben, welche sie mit großen Teilen der Bevölkerung teilen, in der medialen Darstellung als ›normal‹ und durchschnittlich beschrieben« (Weise 2018, 119). Die Darstellung der *traditionellen* Volksnahen wiederum betont

---

14   Beim »Bad in der Menge« handelt es sich um einen unmittelbaren Kontakt zwischen PolitikerInnen und einer größeren Gruppe von Menschen, bei dem Fotos aufgenommen, Autogramme gegeben oder Hände geschüttelt werden.

Abbildung 7: *Instagram*-Eintrag des FPÖ-Kandidaten Norbert G.
Hofer (@norbert_hofer) während des österreichischen
Bundespräsidentschaftswahlkampfes 2016.

Abbildung 8: *Instagram*-Eintrag des ÖVP-Parteichefs und Spitzenkandidaten
Sebastian Kurz (@sebastiankurz) während des österreichischen
Nationalratswahlkampfes 2019.

traditionelle Werte und Verhaltensweisen und knüpft »damit an Vorstellungen guter Umgangsformen an, die in der Bevölkerung verankert sind« (ebd.). Weise erklärt, dass Volksnähe nicht nur durch »ein sich unter das Volk Mischen«, sondern auch »durch eine geistige Verbundenheit mit bürgerlichen Werten« (ebd., 119–120) symbolisiert werden kann.

Der Bildtyp der *Mütterlichen* bringt Politikerinnen mit der Rolle der Mutterschaft in Verbindung, indem er sie beispielsweise während der Schwangerschaft oder mit Kindern zeigt oder ihnen Werte wie Fürsorglichkeit zuschreibt (vgl. Weise 2018, 121; vgl. Liebhart 2008).

Beim Bildtyp der *Modernen* werden Politikerinnen »auf Partys von gesellschaftlicher Prominenz [...] oder in Posen repräsentiert, die der politischen Ikonographie weitestgehend fremd sind« (Weise 2018, 123). Es geht darum, ein »ungewohntes Bild von Politik« zu liefern und sich »möglichst von etablierten Bildtraditionen abzuheben« (ebd.), wie sie beispielsweise mit typischen Arbeitsoutfits oder Settings verbunden sind.

Der Bildtyp der *Parteifrau* thematisiert politische Arbeit im engeren Sinne, wie beispielsweise Reden, Verhandlungssituationen oder Kongressteilnahmen (vgl. ebd., 125). Die Politikerinnen werden »als Teil des politischen Systems und ihrer Partei charakterisiert« (ebd.). Wie beim Bildtyp der *Volksnahen* gibt es auch bei der *Parteifrau* zwei unterschiedliche Ausprägungsformen: »Bei der *Arbeitenden* geht die Machtzuschreibung der Politikerin nicht über eine beschriebene Etablierung im politischen System als Teil eines Ganzen hinaus. Beim Typ der *Frauenbündlerin* wird den Politikerinnen darüber hinaus noch eine machtpolitische Strategie und Planung zugeschrieben« (ebd., 125).

Beim Bildtyp der *Starken* geht es um die Visualisierung von Führungs- und Entscheidungskompetenz durch die Präsentation von Politikerinnen »in besonders handlungsmächtigen Posen und Kontexten« (ebd., 128). Auch hier gibt es zwei unterschiedliche Ausprägungen: während die *Anführerin* im Rückgriff auf die Tradition von Herrscherinnenportraits selbstbewusste Körperhaltungen und Machtposen forciert (vgl. Liebhart 2013), beansprucht die *Chefin unter Männern* »durch ihr Handeln einen Platz in der poli-

Abbildung 9: *Instagram*-Eintrag der NEOS-Spitzenkandidatin Claudia Gamon (@diegamon) während des Europawahlkampfes 2019.

tischen Führungsriege« (Weise 2018, 128). Weise erklärt, dass die beschriebenen Bildtypen zur medialen Repräsentation von Politikerinnen als Indiz für eine »Verschränkung von Weiblichkeit und Macht von Politikerinnen« (ebd., 134) zu interpretieren sind.

Abbildung 9 illustriert, dass diese Bildtypen nicht nur die mediale Repräsentation von Politikerinnen prägen, sondern auch ihre visuelle Selbstinszenierung. Es handelt sich um ein Plakatsujet aus dem Europawahlkampf 2019, das von Claudia Gamon, Spitzenkandidatin der Partei NEOS – *Das Neue Österreich und Liberales Forum*, auf ihrem offiziellen *Instagram*-Account präsentiert wurde.

Das Sujet zeigt drei Frauen in einem Raum vor einer rostroten Ziegelwand, die zur Decke hin von einem weißen Wandstück begrenzt wird. Die Frauen sind in einer Dreieckskonstellation positioniert. Es handelt sich um die damalige NEOS-Nationalratsabgeordnete Irmgard Griss (links), die NEOS-Parteivorsitzende Beate Meinl-Reisinger (mittig) sowie um die bereits erwähnte Spitzenkandidatin Claudia Gamon (vorne rechts), die durch ihre vorgerückte Positionierung innerhalb der Dreieckskonstellation sowie durch ihre Pose mit verschränkten Armen optisch betont wird. Die drei Frauen blicken in eine Kamera, deren Perspektive einer Normalsicht auf Augenhöhe folgt. Rechts oben im Bild befindet sich das Logo der Partei. Die untere Bildhälfte wird von einem Schriftband dominiert. Am linken unteren Bildrand ist außerdem der Name der Spitzenkandidatin zu lesen. Der Text des Schriftbands ist in zwei verschiedenen typografischen Layouts gestaltet, wobei vor allem der Schriftzug EUROPA aufgrund seines prägnanten Designs ins Auge sticht. Der Buchstabe »O« ist durch eine Sprechblase (Anm. das NEOS-Logo) und den europäischen Sternenkranz ersetzt. Die übrigen Buchstaben spielen mit ihren bunten Karos auf jenes visuelle Konzept an, das der niederländische Architekt und Designer Rem Koolhaas 2001 für die Europäische Union entwickelt hat und das im Rahmen der österreichischen Ratspräsidentschaft 2006 erstmals als Corporate Design Verwendung gefunden hat (vgl. Bernhardt et al. 2009).

Der Text – »Vereinigte Taten von Europa« – verweist auf die Vereinigten Staaten von Europa als eine zentrale politische Vision der NEOS. »Wir machen das« legt nahe, dass es sich um eine kollektive Aufgabe handelt, die vom Frauenteam der NEOS maßgeblich vorangetrieben wird. Dieses Deutungsangebot einer gemeinsamen Aufgabe wird vom *Instagram*-Begleittext »3 Generationen, 1 Europa« unterstrichen. Das Beispiel zeigt, dass sich die von Ramona Weise beschriebenen Bildtypen – in diesem Fall die Frauenbündlerin und die starke Anführerin – überschneiden können. Es macht außerdem deutlich, wie unterschiedliche kommunikative Modi in der politischen Kommunikation an der Konstruktion von Bedeutung mitwirken.[15] Wenngleich Soziale Netzwerke der Spitzenpolitik heute eine relativ einfache und effiziente Möglichkeit zur zielgruppenspezifischen Präsentation ihrer Personen, An-

---

[15] Aus einer Perspektive politischer Ikonografie (vgl. Müller 2011) lässt sich dieses Bild auch in die abendländische Motivtradition der Darstellung der drei Schicksalsfrauen – Frauen in unterschiedlichen Lebensaltern, die zusammen die Dimensionen der Vorstellung von Zeit (als Vergangenheit, Gegenwart und Zukunft) personifizieren – einordnen (vgl. Kirschenknapp 2000).

liegen und Ziele bietet, lässt sich eine Themensetzung mit Bildern[16] bislang nur in Ansätzen erkennen. Zwar nimmt die *Quantität* des produzierten und verbreiteten Bildmaterials zu – eine Auswirkung auf die *Qualität* der visuellen Selbstinszenierung im Sinne einer Variation von Bildtypen ist damit jedoch nicht zwingend verbunden. Das liegt einerseits an den Routinen eines Wahlkampfes, der sich entlang eines Zeitplans mit definierten Stationen und Ereignissen entwickelt. Dazu zählen Wahlkampfveranstaltungen, Termine mit MedienvertreterInnen, TV-Diskussionen oder das Zusammentreffen mit UnterstützerInnen. Bildmotive, die bei diesen Ereignissen entstehen, sind weithin bekannt und erregen nur wenig Aufmerksamkeit. Auffällig wird es dann, wenn zur Routine gewordene Bildtypen des Wahlkampfes gänzlich fehlen oder schlampig umgesetzt werden, oder wenn bekannte Bildtypen plötzlich neue, alternative Blickwinkel auf KandidatInnen und ihre Politik eröffnen.

Aus dem bereits beschriebenen Zusammenhang zwischen Abbildern und Denkbildern ziehen Kampagnen- und PolitikberaterInnen bisweilen den Kurzschluss, dass der exzessive Einsatz von Bildmaterial genügt, um erwünschte Images aufzubauen. Dabei unterschätzen sie nicht nur den komplexen Prozess der Aneignung und Verarbeitung von Bildern durch deren BetrachterInnen, sondern auch die Verwobenheit von Bildern mit Diskursen zu einer Person, Partei oder einem bestimmten politischen Thema (vgl. Kapitel 5). Als Christian Kern, der ehemalige Vorsitzende und Spitzenkandidat der *Sozialdemokratischen Partei Österreichs* (SPÖ) im Nationalratswahlkampf 2017 in einem Video als Pizzabote auftrat (vgl. SPÖ 2017a) oder bei Veranstaltungen im ländlichen

---

16   Als Beispiel kann die Bildverwendung des US-Präsidenten Donald J. Trump genannt werden, der Bildmaterial regelmäßig zur Generierung von Aufmerksamkeit sowie als Auslöser für Anschlusskommunikation in klassischen Medien und Sozialen Netzwerken einsetzt (vgl. Bernhardt/Liebhart/Pribersky 2019). Trumps Bildverwendung (v. a. auf *Twitter*) ist nicht primär auf eine Vermittlung inhaltlicher Positionen ausgerichtet, sondern dient der Stärkung seines Markenimages (vgl. Kapitel 3, Abschnitt 3.3) sowie einem Anschluss an sogenannte Deep Stories seiner AnhängerInnen (vgl. Kapitel 4, Abschnitt 4.3).

Raum in Trachten, grünen Stutzen und Haferlschuhen zu sehen war, wurden diese Inszenierungsformen als unglaubwürdig kritisiert (vgl. Hilpold 2017). Ein Image von PolitikerInnen lässt sich also nicht über den Einsatz von Bildern »herbeizaubern«. Als goldene Regel gelingender politischer Kommunikation gilt, dass Interesse, Engagement und Kompetenz in Politikbereichen vorhanden sein müssen, um sie glaubhaft vermitteln zu können. Wer sich kurz vor einer Wahl in einer Schule oder einem Pflegeheim zeigt, um gefällige Fotos oder Videos für den Wahlkampf zu bekommen, wird damit kaum ein beherztes Eintreten für den Bildungs- oder Sozialbereich kommunizieren können. Das Festlegen auf bzw. das Bedienen von Kernthemen, die den jeweiligen politischen Arbeitsbereich, eine entsprechende Expertise und damit verbundenes persönliches Engagement markieren, sind wichtige Grundlagen für eine erfolgreiche Bildpolitik – und nicht umgekehrt.

KAPITEL 3
VERNETZTE KAMPAGNEN: PLAKATE, POSTINGS, WAHLKAMPFTOUREN

»Bergauf, Österreich!« war der Titel einer Veranstaltungsreihe, die Sebastian Kurz im Nationalratswahlkampf 2019 durch die österreichischen Bundesländer geführt hat. Der Spitzenkandidat und Parteichef der *Österreichischen Volkspartei* (ÖVP) war bei Wanderungen im alpinen Raum zu sehen und wurde von UnterstützerInnen, Parteimitgliedern und JournalistInnen begleitet.

Die »Bergauf, Österreich!«-Tour ist ein gutes Beispiel für das Zusammenwachsen von Online- und Offline-Kommunikation in modernen Wahlkämpfen. Das Kampagnenteam plant und organisiert Wanderungen mit dem Spitzenkandidaten und bewirbt die Veranstaltungen auf unterschiedlichen Kanälen (z. B. der Website sebastian-kurz.at/bergauf). Die Veranstaltungsreihe bekommt ein eigenes Logo, das dem Corporate Design der Partei entspricht. Die Parteifarbe ist außerdem an strategisch relevanten Punkten der Wanderungen oder auf türkiser Funktionskleidung von TeilnehmerInnen zu sehen. Während der Veranstaltungen entsteht Bildmaterial, das die einzelnen Stationen dokumentiert: Sebastian Kurz bei Interviews, Sebastian Kurz umringt von Fans, Sebastian Kurz in unterschiedlichen Gesprächssituationen, Sebastian Kurz mit Tieren oder Sebastian Kurz beim Händeschütteln. Dazu kommen Fotos pittoresker Berglandschaften und Kurzvideos mit Statements von TeilnehmerInnen, die ihre Unterstützung bekunden. Das Bildmaterial wird live über Social-Media-Kanäle des Kandidaten oder im Anschluss an die Veranstaltungen über die offizielle Website verbreitet.

Auf der bildzentrierten Plattform *Instagram* werden die Wanderungen beispielsweise im sogenannten Story-Feature begleitet (siehe Abbildung 10).[17] Besonders aussagekräftige Fotos bleiben im

---

17   Zum Story-Feature der Plattform Instagram vgl. Kapitel 4, Abschnitt 4.4 dieses Buches.

Instagram-Feed in verstetigter Form erhalten oder werden für eine weitere Verwendung im Rahmen der Kampagne ausgewählt. So wurde beispielsweise eine Szene der »Bergauf, Österreich!«-Tour zu einem Plakatsujet der Kampagne (siehe Abbildung 11). Ein Foto kann im Wahlkampf also verschiedene Kommunikationskanäle durchwandern und unterschiedliche Funktionen übernehmen – vor allem dann, wenn es eine intendierte Botschaft in besonders prägnanter Form zum Ausdruck bringt.

Abbildung 10: Screenshots einer *Instagram*-Story des ÖVP-Parteichefs und Spitzenkandidaten Sebastian Kurz (@sebastiankurz) am 7. Juli 2019.

Abbildung 11: Plakatsujet der ÖVP im österreichischen Nationalratswahlkampf 2019.

Im Anschluss an die Wanderungen fanden diese Wahlkampf-veranstaltungen mitunter auch Eingang in die mediale Bericht-erstattung, was ihnen zusätzliche Reichweite und potenziell auch Aufmerksamkeit verschaffte. Abbildung 12 zeigt einen Beitrag von *OE24*, dem Online-Portal der Tageszeitung *Österreich*, in der die von den VeranstalterInnen mit circa 800 Personen angegebene, bemerkenswert hohe TeilnehmerInnenzahl der ersten Wanderung übernommen wurde.[18] Auch auf der Website des auflagenstärksten österreichischen Boulevardblatts *Kronen Zeitung* wurde über die Wanderung berichtet und das PR-Bildmaterial unter Angabe des Credits (NEUE VOLKSPARTEI/JAKOB GLASER) verwendet (siehe Abbildung 13).

18   Um die tatsächliche TeilnehmerInnenzahl entstand eine Diskussion auf *Twitter*, nachdem ein User Aufnahmen einer Bergkamera mit einer deut-lich kleineren Personengruppe verbreitet hatte.

POLITIK   07. JULI 2019|13:03 UHR

© APA/NEUE VOLKSPARTEI/JAKOB GLASER

"BERGAUF, ÖSTERREICH"-TOUR

Kurz: Fan-Wanderung mit 800 Anhängern

Kronen Zeitung
TIROL

NACHRICHTEN BUNDESLÄNDER SPORT ADABEI DIGITAL FREIZEIT AUTO

Wien NÖ / Bgld. Oberösterreich Steiermark Kärnten Salzburg Tirol / Vlbg.

07.07.2019 13:17 | BUNDESLÄNDER > TIROL

AUFTAKT IN TIROL

„Bergauf, Österreich"-Tour: Kurz wandert wieder

ÖVP-Chef Sebastian Kurz bei der Wanderung „Bergauf, Österreich" bei Seefeld (Bild: NEUE VOLKSPARTEI/JAKOB GLASER)

Abbildung 12: Screenshot der Website *OE24* am 7. Juli 2019 (oben).

Abbildung 13: Screenshot der Website der *Kronen Zeitung* am 7. Juli 2019 (unten).

3.1 Zusammenwachsen von Online und Offline

Der Begriff der Medienkonvergenz beschreibt ein Zusammenwachsen verschiedener Kommunikations- und Medienbereiche auf der technischen und / oder inhaltlichen Ebene (vgl. Koschnick 2010). Für die Planung und Umsetzung moderner Wahlkämpfe hat diese Entwicklung weitreichende Konsequenzen: in einem konvergierenden Medienumfeld, wo Online- und Offline-Kommunikation zusammenwachsen, müssen politische Botschaften crossmedial angelegt werden, um ihre Zielgruppen zu erreichen (vgl. Haßler / Kruschinski 2019, 74–75). Im digitalen Wandel politischer Kommunikation (Oswald / Johann 2018) greifen Wahlkampfteams verstärkt auf Soziale Netzwerke, Websites und Messenger-Dienste (wie beispielsweise *WhatsApp*) zurück, um Kampagnen inhaltlich und organisatorisch zu gestalten und mit interessierten BürgerInnen, potenziellen UnterstützerInnen und JournalistInnen zu kommunizieren.

In Sozialen Netzwerken können politische Inhalte prinzipiell als »Owned Media«, »Free Media« und »Paid Media« verbreitet werden (Haller 2019, 53). Ein Eintrag auf dem eigenen Social-Media-Auftritt ist als »Owned Media«-Einsatz zu verstehen, während die Berichterstattung darüber (z. B. auf dem Onlineauftritt etablierter Massenmedien) einer »Free Media«-Verbreitung entspricht: »Dies kann zu erwünschten Multiplikatoreneffekten führen, etwa wenn aufsehenerregende Posts von Politikerinnen und Politikern durch reichweitenstarke Redaktionen on- und offline weiterverbreitet werden« (ebd.). Damit sind Soziale Netzwerke ein wichtiges Werkzeug zur Themensetzung in der Politik. Der Einkauf von Werbung (z. B. eines »gesponserten Postings« für eine anvisierte Zielgruppe) wiederum entspricht der Verbreitung als »Paid Media« (vgl. ebd.).

Gemäß des Konzepts der Hybridität (Chadwick 2013), das ein Verhältnis von analogen und digitalen Medien nicht als »entweder-oder«, sondern als »sowohl-als auch« beschreibt, ergänzen und unterstützen digitale Tools traditionelle Kampagnenformate wie beispielsweise Plakate oder den Tür-zu-Tür-Wahlkampf, ersetzen sie aber nicht.

Als Alexander Van der Bellen während seines Wahlkampfes

A. Van der Bellen ✓
@vanderbellen

In 15 min enthüllen wir die neuen Plakate. #bpw16

10:16 vorm. · 24. Okt. 2016 · Twitter for iPhone

14 Retweets   **71** „Gefällt mir"-Angaben

Abbildung 14: Screenshot eines Tweets des Kandidaten Alexander
Van der Bellen (@vanderbellen) während des österreichischen
Bundespräsidentschaftswahlkampfes 2016.

um das Amt des Bundespräsidenten im Jahr 2016 mehrere Wellen
der in Österreich traditionell wichtigen Plakate präsentierte, wurden diese Ereignisse nicht nur medienwirksam als Enthüllungen
inszeniert, sondern auch mit Fotos der Veranstaltungen und der
Plakatsujets in den offiziellen Sozialen Netzwerken des Kandidaten
verbreitet (siehe Abbildung 14). Dass Plakate in österreichischen
Wahlkämpfen trotz des Bedeutungsgewinns Sozialer Netzwerke
als relevant eingestuft werden, liegt nicht zuletzt an ihrer besonderen Funktion als Medium. Plakate zeigen an, dass Wahlen
vor der Tür stehen, und sind Mittel zur politischen Besetzung des

öffentlichen Raumes. Sie kommunizieren aber auch Kernthemen und fassen »die Positionierung der Partei in wenigen Worten zusammen« (Hayek 2016, 2). Als komprimierte Wahlkampfstrategie stehen Plakate also als pars pro toto für andere Kommunikationsmittel und sprechen potenzielle WählerInnen in direkter und ungefilterter Weise an. Kaum ein anderes Medium leistet »eine so enorme inhaltliche wie gestalterische Verdichtung der Botschaft« (Geise 2011, 172).

Gestalterisch lassen sich nach der Kommunikationswissenschaftlerin Stephanie Geise (2011) Schrift- bzw. Typoplakate (ohne Bilder), Bildplakate (ohne Schriftzeichen) und Schrift-Bild-Plakate unterscheiden, die sich wiederum in KandidatInnenplakate und Motivplakate unterteilen lassen. KandidatInnenplakate zeigen entweder eine Porträtaufnahme, einen Handlungs- oder einen Interaktionsmoment. Motivplakate wiederum greifen eine Kampagnenerzählung auf, oder fokussieren auf die Darstellung von Personen, Tieren oder Objekten (vgl. Geise/Kamps 2015, 347). Während die Kombination von Schrift und Bild die Plakatgestaltung dominiert, sind reine Bildplakate eher die Ausnahme.

Abbildung 15 und Abbildung 16 zeigen Beispiele für Motivplakate, wie sie im österreichischen Nationalratswahlkampf 2019 von den *Grünen* eingesetzt wurden. Mit den zwei Eisbären greifen die *Grünen* beim Thema Klimaschutz ein international gebräuchliches, wenngleich umstrittenes Motiv zur Visualisierung der Klimakrise auf.[19] Abbildung 16 wiederum zeigt ein Video-

---

19 Die britische Tageszeitung *The Guardian* veröffentlichte im Oktober 2019 eine Erklärung, in Zukunft verstärkt auf eine angemessene und akkurate Vermittlung der Klimakrise achten zu wollen – und zwar nicht nur auf der sprachlichen, sondern auch auf der visuellen Ebene (vgl. Shields 2019). Das zentrale Argument lautet, dass Bilder, die die visuelle Darstellung der Klimakrise prägen, auch Einfluss auf die Art und Weise haben, wie sie verstanden wird. Die Auswirkungen der Klimakrise sollen stärker in den Fokus der Berichterstattung rücken, während emblematische Darstellungen wie Eisbären, die die internationale Klimaberichterstattung lange Zeit geprägt haben, aber nur wenig Bezug zu unmittelbaren Veränderungen menschlicher Lebenswelten zulassen, künftig seltener verwendet werden sollen: »Often,

Abbildung 15: Plakatsujet der
Grünen im österreichischen
Nationalratswahlkampf 2019.

Abbildung 16: Plakatsujet der
Grünen im österreichischen
Nationalratswahlkampf 2019.

still aus dem sogenannten Ibiza-Video, auf dem die ehemaligen
FPÖ-Politiker Heinz-Christian Strache und Johann Gudenus zu
sehen sind.

Plakate zählen zu den ältesten Wahlkampfmitteln und stellen
ein »Relikt des vormodernen Wahlkampfes« (Lessinger/Holtz-Ba-
cha 2019, 125) dar. Gegenüber anderen Kampagneninstrumenten
ist ihre Präsenz im öffentlichen Raum ein erheblicher Vorteil, weshalb vor allem größere Parteien mehrere Plakatwellen planen (vgl.
ebd., 127). In den USA sind sie mit Ausnahme kleinformatiger
Yard Signs[20] kaum noch zu finden, Plakate sind ein »Kennzeichen
europäischer Wahlkampagnen« (ebd.).

Für die Politikwissenschaftlerin Lore Hayek (2016, 4) sind vor allem vier Punkte ausschlaggebend, weshalb Plakate nach wie vor Verwendung finden: dazu zählen ihre durchgängige Präsenz, ihre hohe Reichweite, ihre Langlebigkeit als wahlkampfstrategisches Instrument (in Österreich etwa in allen Wahlkämpfen der Zweiten Republik) sowie die konstant hohen Wahlkampfausgaben für Plakate durch Parteien. Laut Hayek dient das Plakat im Medienmix heute nicht primär der Überzeugung potenzieller WählerInnen, sondern übernimmt andere Funktionen wie beispielsweise »die Verstärkung bereits getroffener Entscheidungen der WählerInnen und die Bestärkung und Mobilisierung von ParteifunktionärInnen« (ebd., 43). Außerdem prägen Plakate den politischen Diskurs in Wahlkampfzeiten stark mit (vgl. ebd., 7). Sobald Parteien ihre Plakate präsentieren, folgen Analysen, Interpretationen und Diskussionen der Sujets sowie damit verbundener (oder vermuteter) Kampagnenstrategien in Sozialen Netzwerken und etablierten Massenmedien.

3.2 Visuelles Framing

Welche Strategien eine politische Kampagne verfolgt bzw. wie sie ihre SpitzenkandidatInnen visuell inszeniert, lässt sich am besten an ihren eigenen Kampagnenmitteln ablesen, die nicht den Auswahlkriterien und Bearbeitungsweisen von Medien unterliegen (vgl. Holtz-Bacha 2006, 13). Bis zum Einsatz von Sozialen Netzwerken in Wahlkämpfen waren das vorwiegend Kino-, Fernseh- und Radiospots, Anzeigen in Zeitungen und Zeitschriften, sowie die bereits erwähnten Wahlplakate (vgl. ebd.). Wenn Kampagnenteams heute einen Wahlkampf gestalten, dann steht ihnen in der Regel eine breite Palette an Bild- und Videomaterial zur Verfügung. Wie in Kapitel 2 beschrieben, werden vor allem SpitzenpolitikerInnen von offiziellen FotografInnen und/oder MitarbeiterInnen ihrer Social-Media-Teams begleitet, deren Bildmaterial während eines Ereignisses live präsentiert oder im Anschluss daran ausgewählt, betextet und damit als repräsentativ autorisiert wird. Bei der Auswahl des Bildmaterials werden bewusste und unbewusste Entscheidungen für bestimmte Motive getroffen, die SpitzenkandidatInnen und ihre Themen den jeweiligen Zielgruppen und den Medien präsentieren. Diese Entscheidungen lassen sich nicht nur in Hinblick auf die Häufigkeit und Prominenz nachvollziehen (*Wie oft und wie prominent wird ein bestimmtes Motiv gezeigt?*), sondern auch in Hinblick auf die spezifische Art und Weise visueller Selbstinszenierung und ihrer medialen Repräsentation (*Wie wird jemand gezeigt?*).[21] Im Kern geht es also um die Frage, in welchem Rahmen Parteien und ihre SpitzenkandidatInnen präsentiert werden.

Der sogenannte Framing-Ansatz (nach dem englischen Wort »Frame« für »Rahmen« bzw. »Framing« für »Rahmung«) bietet eine Möglichkeit, um Rahmensetzungen auf drei unterschiedlichen Ebenen des politischen Kommunikationsprozesses nachvollziehbar zu machen: erstens auf der Ebene strategischer KommunikatorInnen (*strategisches Framing*), zweitens auf der Ebene medialer Berichterstattung (*Medienframing*), drittens auf der Ebene der RezipientInnen (*Framing-Effekte*).[22]

Beim Framing handelt es sich um einen wichtigen Theorie- und Forschungsansatz, der unter anderem in den Politik- und Kommunikationswissenschaften vertreten wird. Er geht von der Vorstellung aus, »dass prinzipiell mit vielen Bedeutungen ausgestattete Bilder und Texte auf der Metaebene [...] in ein bestimmtes Licht oder einen bestimmten Rahmen gerückt werden« (Müller 2013, 31).

Einer breiteren, über den wissenschaftlichen Diskurs hinausgehenden deutschsprachigen Öffentlichkeit wurde Framing in den letzten Jahren durch das Buch *Politisches Framing: Wie eine Nation sich ihr Denken einredet – und daraus Politik macht* bekannt, das von der Linguistin Elisabeth Wehling (2016) verfasst wurde. In der Tradition des Linguisten George Lakoff versteht Wehling

---

21 Für die Analyse von Personendarstellungen bieten sich nach Elke Grittmann (2012, 134–135) die folgenden vier Analyseebenen an: 1) Ikonografische Erfassung des Bildmotivs (situativer Rahmen), 2) Körperkonstruktionen und Interaktionen (Körperhaltungen, Mimik, Gestik, Nähe oder Distanz, Interaktionen), 3) ästhetische Darstellungsstrategien (Kamerastandpunkt, Perspektive, Bildtiefe), 4) Attribuierung in Bildüberschriften und -unterzeilen.

22 Framing-Effekte können sich sowohl auf das strategische Framing von KommunikatorInnen, als auch auf ein Framing von Medien beziehen.

Frames als gedankliche Deutungsrahmen, die selektieren, bewerten und interpretieren und das menschliche Denken und Handeln anleiten: »Frames werden durch Sprache im Gehirn aktiviert. Sie sind es, die Fakten erst eine Bedeutung verleihen, und zwar, indem sie Informationen im Verhältnis zu unseren körperlichen Erfahrungen und unserem abgespeicherten Wissen über die Welt einordnen« (ebd., 17–18). Wie Lakoff folgt Wehling der These, dass Fakten in der Politik nicht ohne entsprechende Deutungsrahmen (sprich: die zugrunde liegende moralische Weltsicht) verstanden werden können (vgl. ebd., 52): »Wer es versäumt, Fakten in Einklang mit seiner politischen Weltsicht, seiner Ideologie zu kommunizieren, der kreiert ein gedankliches Vakuum – in der Wissenschaft *Hypokognition* genannt« (ebd., 62; Hervorhebung im Original).

In den Sozialwissenschaften gelten der Soziologe Erving Goffman (1974) und der Politikwissenschaftler Robert Entman (1993) als Pioniere des Framing-Ansatzes. Die vielzitierte Definition Robert Entmans (1993, 52) – »To frame is to *select some aspects of a perceived reality and make them more salient in a communicating text, in such a way as to promote a particular problem definition, causal interpretation, moral evaluation, and/or treatment recommendation* for the item described« – benennt Auswahl (Selektion), Akzentuierung (Salienz) sowie die Bereitstellung von Strukturierungs- und Interpretationsmustern als entscheidende Kernelemente. Während »Framing« den aktiven Prozess der Deutungskonstruktion beschreibt, sind »Frames« das (empirisch fassbare) Ergebnis dieses Prozesses (vgl. Matthes 2007, 21). Der zunächst textbasiert entwickelte Ansatz hat in den letzten Jahren unter der Bezeichnung »Visual Framing« eine verstärkte Anwendung auf Bildmaterial erfahren.[23] In Anlehnung an Entman haben die Kommunikationswissenschaftlerinnen Stephanie Geise, Katharina Lobinger und Cornelia Brantner (2013, 47) folgende Definition von visuellem Framing vorgeschlagen: »*Visuelles Framing ist der Prozess und/oder*

---

23 Für einen Forschungsüberblick zu »Visual Framing« vgl. beispielsweise Geise/
Lobinger/Brantner 2013.

das Ergebnis der Selektion und Akzentuierung bestimmter Aspekte der wahrgenommenen Realität in einem kommunikativen Kontext durch Mittel Visueller Kommunikation, durch die spezifische Strukturierungs- und Interpretationsmuster und/oder Handlungsempfehlungen für den beschriebenen Sachverhalt nahegelegt werden und die die Informationsverarbeitung prägen«.

Die Kommunikationswissenschaftlerinnen erklären, dass RezipientInnen im Framingprozess nicht nur bestimmte Realitätsaspekte, sondern stets auch Bewertungen nahegelegt werden (vgl. ebd., 44): »Framing lässt sich also allgemein als Vorgang oder als Strategie bezeichnen, mit der bestimmte Interpretationsmuster oder Frames besonders betont bzw. salient gemacht werden und somit die Informationsverarbeitung und Einordnung begünstigen« (ebd., 45). Obwohl visuelle Frames die Verarbeitung von Informationen und ihre Einordnung begünstigen können, ist nicht von einer einfachen Übernahme in die Vorstellungswelt von RezipientInnen, sondern vielmehr von einer Interaktion von Frames mit bereits vorhandenen kognitiven Konzepten auszugehen (vgl. ebd.). Aufgrund ihrer Eigenlogik bringen Bilder unabhängig von Texten Bedeutungen und Werte in einen Diskurs ein (vgl. Grittmann 2013, 101).

Die PolitikwissenschaftlerInnen Daniel Kreiss, Regina Lawrence und Shannon McGregor (2018, 8) ergänzen, dass bei einer Untersuchung strategischer Frames in Sozialen Netzwerken die spezifischen Formen, wie Kampagnen ihre SpitzenkandidatInnen in Hinblick auf unterschiedliche Zielgruppen, Affordanzen und Genres verschiedener Social-Media-Plattformen konzipieren, berücksichtigt werden sollten. Zudem sollte der Zeitpunkt einer Veröffentlichung von Text- und Bildmaterial im Rahmen eines Wahlkampfes beachtet werden. Generalisierende Aussagen über Social-Media-Wahlkämpfe auf Basis einzelner Accounts sind nicht sinnvoll (vgl. ebd., 9). Bei der Analyse von Frames in Kampagnenmitteln sollte außerdem die Besonderheit der jeweiligen politischen Kultur Berücksichtigung finden (vgl. Müller 1997).

Kommen wir noch einmal auf das eingangs erwähnte Beispiel der »Bergauf, Österreich!«-Tour zurück: Hier ist zunächst interessant, dass Bergwanderungen in Österreich immer wieder von unterschiedlichen politischen Parteien und ihren SpitzenkandidatInnen zur visuellen Selbstinszenierung genutzt wurden und werden. Dabei macht es einen Unterschied, ob ein Kandidat als einsamer Gipfelstürmer beim Klettern inszeniert wird – wie beispielsweise der ehemalige Chef der *Freiheitlichen Partei Österreichs* (FPÖ) und Kärntner Landeshauptmann Jörg Haider, der eine steile Bergwand im Alleingang erklommen hat (FPÖ TV 2018), oder ob ein Kandidat gemeinsam mit einer Gruppe auf einem Wanderweg unterwegs ist. Interessant ist in diesem Zusammenhang auch ein Blick auf den Slogan in Abbildung 11 (»Einer, der unsere Sprache spricht«). Dieser Slogan wurde im Nationalratswahlkampf 2019 nicht nur vom ehemaligen FPÖ-Innenminister Herbert Kickl genutzt, was zu heftigen Kontroversen zwischen ÖVP und FPÖ geführt hat, sondern bereits im Jahr 1999 von Jörg Haider. Im Fall Haiders scheint dieser Slogan dem eben erwähnten Bild des Alleingängers zu widersprechen, fügt aber dem facettenreichen Image dieses Politikers eine zusätzliche Komponente hinzu.[24]

Ein visuelles Framing von KandidatInnen betrifft aber nicht nur die strategische Kampagnenkommunikation, sondern ist auch in der medialen Berichterstattung über Wahlkämpfe relevant. Während es beim Agenda Setting um die Thematisierungsfunktion von Massenmedien und damit um die Frage geht, »inwieweit die Medien über die Auswahl, Häufigkeit und Präsentation ihrer Inhalte das Potenzial besitzen, unser mentales Bild von der – in weiten Teilen für uns ›unsichtbaren‹ – Welt zu strukturieren« (Müller/Geise 2015, 242), steht beim Framing der Aspekt der Einordnung in einen Deutungsrahmen im Vordergrund.

In ihrem Buch *Image bite politics: News and the visual framing of elections* haben Maria Elizabeth Grabe und Eric Page Bucy (2009) die mediale Darstellung von KandidatInnen in US-Präsident-

---

24   Am 29. August 2019 veröffentlichte die Partei NEOS – *Das Neue Österreich und Liberales Forum* auf ihrem offiziellen *Twitter*-Account eine animierte Grafik, die in ironischer Form auf die Veröffentlichung der ÖVP-Plakate und die Übernahme von FPÖ-Slogans reagierte (vgl. NEOS 2019). Der Eintrag ist insofern bemerkenswert, als er eine unmittelbare Reaktion in einer für die Plattform adäquaten Form und Ästhetik darstellt.

schaftswahlkämpfen von 1992 bis 2004 analysiert. Dabei haben die AutorInnen drei zentrale visuelle Frames herausgearbeitet: den idealen Kandidaten (»ideal candidate«), den populistischen Wahlkämpfer (»populist campaigner«) und den sicheren Verlierer (»sure loser«). Diese Frames sind jeweils durch wiederkehrende Darstellungselemente (z. B. das Erscheinungsbild der KandidatInnen) gekennzeichnet, die die Bildauswahl von Medien prägen. Ideale KandidatInnen vermitteln staatsmännisches Verhalten und Empathie. Sie sind häufig in formeller Kleidung zu sehen, zeigen sich mit anderen PolitikerInnen oder suggerieren Nähe, indem sie ihre AnhängerInnen berühren oder umarmen. Populistische WahlkämpferInnen wiederum versuchen Bodenständigkeit zu vermitteln. Sie sind leger gekleidet, geben sich betont volksnah und präsentieren sich in Settings, in denen ihnen Zustimmung zuteil wird. Sichere VerliererInnen sind an einer Bildauswahl erkennbar, die unvorteilhafte Gesichtsausdrücke, ein mäßig begeistertes Publikum oder spärlich besuchte Wahlkampfveranstaltungen betont. Spielen sich in der medialen Berichterstattung entsprechende Auswahlroutinen ein, die KandidatInnen (bewusst oder unbewusst) einem bestimmten Frame zuordnen, lässt sich diese Dynamik nur schwer durchbrechen und kann Einfluss darauf nehmen, wie KandidatInnen öffentlich wahrgenommen werden.

Dass sich strategische Frames und Medienframes mitunter erheblich unterscheiden können, hat die Kommunikationswissenschaftlerin Tara Mortensen (2015) in einer Studie zur visuellen Selbstinszenierung und medialen Darstellung Michelle Obamas gezeigt: »White House image handlers have access to the First Lady in her most domestic, intimate moments, while journalists and other photographers very rarely have these photo opportunities and instead have to capture her in public« (ebd., 45). Unter Bezugnahme auf Erving Goffmans (1979) Analyse einer traditionellen medialen Darstellung von Frauen, die sich unter anderem auf die Körpersprache sowie auf Interaktionsmomente mit anderen abgebildeten Personen konzentrierte, konnte Mortensen zeigen, dass Michelle Obama von FotografInnen des Weißen Hauses traditioneller dargestellt wurde, als von JournalistInnen. Während das Weiße Haus vor allem Rollenerwartungen an die

First Lady gerecht zu werden versuchte, hatten JournalistInnen bei ihrer Bildauswahl eher den Nachrichtenwert ihrer Beiträge durch eine nonkonforme Darstellungsweise vor Augen: »Journalists more frequently showed her in executive, instructive, and superordinate roles [...], reflecting similar previous literature categorizations of the First Lady as nontraditional when she is politically active as opposed to an escort or host« (ebd., 61).

3.3 Branding: PolitikerInnen als Marken

Die Orientierung der visuellen Selbstinszenierung von Politik an den kommunikativen Logiken und Mustern kommerzieller Werbung ist eng mit der Vorstellung von PolitikerInnen als Marken (Brands) verbunden. Der Politikberater Simon Anholt hat in seinem Buch *Competitive Identity* (2007) erklärt, dass unter einer Marke ein Produkt, eine Dienstleistung oder ein Unternehmen zu verstehen ist, das in Kombination mit seinem Namen, seiner Identität und seiner Reputation betrachtet wird. Eine Marke umfasst laut Anholt vier Aspekte, die aufeinander bezogen sein sollten: die Identität (»brand identity«), das Image (»brand image«), den Zweck (»brand purpose«) und den Wert (»brand equity«). Die Identität einer Marke sollte als Kernkonzept klar und deutlich über ein Logo, einen Slogan und das Design zum Ausdruck kommen (vgl. Anholt 2007, 5). Das Image bzw. die Reputation der Marke bezeichnet ihre Wahrnehmung durch das Publikum und umfasst Assoziationen, Erwartungen und Gefühle, die mit der Marke verbunden sind. Anholt verortet das Markenimage nicht in den Büros von Unternehmen und Parteien, sondern »in the mind of the consumer: in other words, in a remote location« (ebd., 5). Als internes Äquivalent des Markenimages bezeichnet Anholt den Markenzweck, der sich in die Strukturen und Prozesse eines Unternehmens, einer Organisation oder einer Partei übersetzt und dort als eine »Kultur« gemeinsamer Werte und Ziele gelebt wird (ebd., 6). Der Markenwert wiederum umfasst die Vorstellung, dass eine positive und stabile Reputation einer Marke einen enormen Wert darstellt (vgl. ebd., 6).

Der Prozess der Planung, Gestaltung und Kommunikation des Markennamens zum Zweck der positiven Beeinflussung ihrer

Reputation wird als »Branding« bezeichnet (ebd., 4). »Rebranding« wiederum zielt auf eine Verbesserung des Markenimages durch eine Veränderung der Markenidentität und des Markenzwecks (z. B. im Sinne einer Modernisierung) ab. Die bloße Umgestaltung des Erscheinungsbildes bzw. des Corporate Designs einer Marke (z. B. eine Veränderung von Logo, Typographie und Bildsprache) reicht dafür in der Regel nicht aus. Im Sinne eines Markenbewusstseins sollte eine Marke »sich vielmehr durch ihren kommunikativen Auftritt im Gedächtnis [...] verankern und darüber hinaus durch ihre überzeugende Wirkung eine positive Einstellungsbeeinflussung nach sich ziehen« (Esch / von Einem / Eichenauer 2018, 142).

Obwohl das Markenkonzept ursprünglich für Produkte, Unternehmen und Dienstleistungen entwickelt wurde, findet es zunehmend auch in der strategischen Kommunikation von PolitikerInnen, Regionen, Staaten und supranationalen Entitäten wie der Europäischen Union Anklang. In Österreich wurde das Thema beispielsweise im Zusammenhang mit einem Redesign der »Marke Stadt Wien«, oder mit der Übernahme der *Österreichischen Volkspartei* (ÖVP) durch Sebastian Kurz und ihrem Rebranding als »Die neue Volkspartei« diskutiert. Ein weiteres Beispiel ist die geplante, aber bislang nicht umgesetzte Entwicklung einer »Marke Österreich« im Zuge des Projekts »Nation Brand Austria«, die Österreich als »Brückenbauer« für die Welt positionieren soll und an der auch der bereits erwähnte Politikberater Simon Anholt beteiligt war (vgl. Weiser 2013; Binder 2016).

BeraterInnen wie Simon Anholt betonen, dass PolitikerInnen eine klare Vorstellung benötigen, wofür sie stehen und welche Ziele sie verfolgen, um ihre Handlungen und kommunikativen Aktivitäten entsprechend ausrichten und sowohl intern (z. B. innerhalb der eigenen Partei) als auch extern (z. B. für unterschiedliche Zielgruppen) glaubwürdig vermitteln zu können. Politisches Branding verspricht Klarheit in Bezug auf Werte und Positionen, eine bessere Differenzierbarkeit gegenüber politischen MitbewerberInnen und den Aufbau positiver Images: »Complex topics are distilled into message themes. A strategy of repeating visuals and core messages delivers efficiencies in a digital society bombarded with stimuli« (Marland 2016, 3). In zunehmend fragmentierten medialen Öffentlichkeiten können Message Control[25] und Image Management daher als Kernelemente von Branding verstanden werden (vgl. ebd.): »A brand-centric approach to power involves the strategic unification of words and visuals« (ebd., 12).

Wie aber sieht es mit einer wissenschaftlichen Einschätzung von politischem Branding aus?

Der Politikwissenschaftler Ken Cosgrove (2016) hat Markenführung im US-Präsidentschaftswahlkampf 2016 untersucht, aus dem Donald J. Trump als siegreicher Kandidat hervorgegangen ist. Cosgrove beschreibt Branding als wirksamen Bestandteil politischer Positionierungen. Emotional besetzte Marken unterstützen den Aufbau tiefer Loyalitäten, haben das Potenzial zur viralen Verbreitung in Sozialen Netzwerken, generieren Anschlusskommunikation in etablierten Massenmedien und tragen damit zur Reduktion von Werbekosten einer Kampagne bei. Donald J. Trump konnte mit seinem Rückgriff auf Ronald Reagans Slogan »Let's Make America Great Again« und Richard Nixons Rede von einer »schweigenden Mehrheit« von UnterstützerInnen eine Erzählung etablieren, in der die USA von liberalen Eliten und illegalen EinwanderInnen bedroht werden. Nur er könne diesen Bedrohungen mit entsprechenden Maßnahmen wie beispielsweise dem Bau einer Grenzmauer zu Mexiko, dem Aufkündigen internationaler Freihandelsabkommen oder dem Verbot der Einreise von MuslimInnen in die USA begegnen. Ken Cosgrove beschreibt diese Maßnahmen als plakativ und visuell eindrücklich, was sie leicht verständlich und reproduzierbar macht. Für Cosgrove lässt sich aus dem Beispiel des US-Wahlkampfes 2016 der ernüchternde Befund ableiten, dass sich eine Positionierung als

---

25 Der Begriff »Message Control« bezeichnet eine Harmonisierung interner und externer Kommunikationsaktivitäten im Sinne einer ganzheitlichen Markenführung, um das Image und den Wert einer Marke zu beeinflussen. In der politischen Kommunikation ist »Message Control« mit einem Set an Praktiken verbunden, um auf die Berichterstattungspraxis etablierter Massenmedien Einfluss zu nehmen. Dazu zählen beispielsweise die Beschränkung des Zugangs von JournalistInnen, die selektive Verbreitung von Informationen an ausgesuchte Redaktionen oder die Schaltung von Inseraten in ausgewählten Medien.

emotionale Marke unter entsprechenden Rahmenbedingungen als wirksamer erweisen kann als politische Erfahrung, Kompetenz oder argumentative Überlegenheit in TV-Debatten.

In der wissenschaftlichen Forschung gilt die Wirksamkeit politischen Brandings allerdings als umstritten. Kritische Wissenschaftlerinnen wie Nadia Kaneva (2011) oder Melissa Aronczyk (2013), die zum Branding von Staaten geforscht haben, beschreiben es in erster Linie als Praxis der Übernahme kommerzieller Logiken in die politische Kommunikation, die der Komplexität politischer Prozesse kaum gerecht werden kann und bisweilen problematische Vereinfachungen, Auslassungen oder Verzerrungen sowie das Marginalisieren oder Ausblenden unerwünschter Perspektiven bedingt.

3.4 Negative Campaigning

In Wahlkämpfen geht es freilich nicht nur um eine positive Selbstdarstellung zur Schärfung des Profils von Parteien und SpitzenkandidatInnen, sondern auch um Angriffe auf politische MitbewerberInnen. Beim Negative Campaigning handelt es sich um eine konfrontative Form des Angriffswahlkampfes, bei dem tatsächliche und vermeintliche Fehler und Schwächen politischer GegnerInnen oder ihrer politischen Positionen betont werden (vgl. Brettschneider 2008). Dabei greifen PolitikerInnen, ihre Teams und UnterstützerInnen »auf Strategien zurück, die mit Provokation, Angriff, Negativismus oder intendierten Tabubrüchen arbeiten« (Geise/Kamps 2015, 345). Das erregt einerseits Aufmerksamkeit und bedient die Auswahl- und Präsentationskriterien von Medien (vgl. Brettschneider 2008, 3021). Andererseits birgt es aber auch stets die Gefahr, als »Backlash-Effekt« (Holtz-Bacha 2001, 672; Dolezal et al. 2015) auf die AngreiferInnen zurückzufallen – etwa wenn Negative Campaigning als unfair und unehrlich wahrgenommen wird (Podschuweit/Dahlem 2007, 218).

Die Gestaltung von Negative Campaigning orientiert sich jeweils an der Konjunktur der zur Verfügung stehenden Kampagnenmittel, weshalb sie einem stetigen Veränderungsprozess unterliegt. Während Wahlkämpfe der 1950er-Jahre in Deutschland und Österreich von einer drastischen und an kollektive Ängste appellierenden Bildsprache auf Plakaten geprägt waren, die moderne Sujets weitgehend harmlos erscheinen lassen (vgl. Hayek 2016; Geise/Kamps 2015, 347), wird ein Negativwahlkampf heute verstärkt online und insbesondere in Sozialen Netzwerken ausgetragen. Spätestens seit dem US-Präsidentschaftswahlkampf 2016 und der Brexit-Abstimmung wird in der Öffentlichkeit auch über den Einsatz von Social Bots und eine mögliche Beeinflussung der politischen Meinungsbildung durch softwaregesteuerte Social-Media-Profile diskutiert.

Dass Negative Campaigning nicht nur in den USA, sondern auch in Europa zur politischen Praxis von Wahlkämpfen gehört, ist unumstritten. Als Kampagnenform und -instrument wird Negative Campaigning allerdings kritisch und kontrovers diskutiert. In den österreichischen Nationalratswahlkämpfen 2017 und 2019 ist eine Abgrenzung von Negative Campaigning bzw. der Vorwurf an politische MitbewerberInnen, Negative Campaigning zu betreiben, zur Routine geworden. Dieser Umstand drückt sich nicht zuletzt in der Verwendung eines metaphorischen Vokabulars zur Markierung von Negative Campaigning aus, wie beispielsweise die von Mitgliedern der *Österreichischen Volkspartei* (ÖVP) wiederholt verwendeten Begriffe »Schmutzkübelkampagne« und »anpatzen«.

Ein Angriff auf politische GegnerInnen erfolgt häufig über die visuelle Kommunikation (vgl. Geise/Kamps 2015, 347). Die KommunikationswissenschaftlerInnen Stephanie Geise und Klaus Kamps unterscheiden zwischen vier zentralen Darstellungstypen im Negative Campaigning, die sich vor allem bei politischen Plakaten etabliert haben: »(1) Angriffe über die Induktion negativer Emotionen bzw. Angstappelle, (2) die an die politische Satire angelehnte Karikatur der Konkurrenz bzw. die Humorinduktion, (3) die direkte personalisierte Diffamierung des gegnerischen Kandidaten sowie (4) der Einsatz visueller Metaphern und Analogien« (ebd.).

Dass diese vier Darstellungstypen auch in kombinierter Form Anwendung finden, zeigt beispielsweise ein Spot der *Freiheitlichen Partei Österreichs* (FPÖ) im Rahmen des Europawahlkampfes 2019. Das Video mit dem Titel *Am 26. Mai – Aufstehen für Österreich, damit es kein böses Erwachen gibt!* (vgl. FPÖ TV 2019) nutzt ein albtraumhaftes Szenario mit ironischer Brechung, um potenzielle WählerInnen zu mobilisieren (siehe Abbildung 17). Der Spot zeigt einen FPÖ-Sympathisanten, der am Wahlsonntag lieber ausschlafen möchte und daher auf seine Stimmabgabe im Rahmen der EU-Wahl 2019 verzichtet. Am Tag nach der Wahl gibt es für ihn allerdings ein böses Erwachen: Im Radio ist von einem »fulminanten Wahlerfolg« der »vereinigten Linken« die Rede. Der Blick in die Zeitung macht dem entsetzten FPÖ-Sympathisanten die Folgen des Wahlergebnisses deutlich, die praktisch über Nacht eingetreten sind: ein Beitritt der Türkei zur Europäischen Union, eine Öffnung der EU-Außengrenzen, ein Aufstieg des Islam zur stärksten Religionsgemeinschaft oder die Bestellung des kritischen Journalisten Armin Wolf, Anchorman der Nachrichtensendung *ZIB2*, zum Chef des *Österreichischen Rundfunks* (ORF). Plötzlich klingelt der Wecker und lässt den Mann aus seinem Albtraum aufschrecken. Es ist der 26. Mai 2019. Er hat die Wahl nicht verschlafen, »steht auf für Österreich« und eilt zur Stimmabgabe.

Der FPÖ-Spot nutzt Angstappelle durch personalisierte Bedrohungsszenarien (z. B. eine Gruppe junger, wütender Männer als RepräsentantInnen der islamischen Religionsgemeinschaft), karikiert PolitikerInnen (z. B. eine über Grenzöffnungen »überglückliche« Angela Merkel), setzt visuelle Metaphern ein (z. B. das gekrönte Haupt des ORF-Moderators Armin Wolf, das Alleinherrschaft signalisieren soll) und nutzt das Stilmittel der Überzeichnung, um eine negative Grundstimmung zu evozieren.

Ein besonders interessanter Darstellungstyp ist der Einsatz von Humor im Negative Campaigning, der von der FPÖ im österreichischen Nationalratswahlkampf 2017 mit sieben Spots intensiv genutzt wurde. In ihrer Analyse dieser Spots konnten die Kommunikationswissenschaftlerinnen Cornelia Brantner und Katharina Lobinger und der Sprachwissenschaftler Daniel Pfurtscheller (2019, 525) zeigen, dass die FPÖ »Negative Campaigning und Furchtappelle einsetzt, diese aber in unterhaltsam inszenierte Geschichten verpackt«. Mit der visuell unterschiedlichen Ausgestaltung ihrer Kernbotschaften konnte die FPÖ eine hohe Verbreitung der Spots garantieren und für entsprechende Klickraten sorgen (vgl. ebd.).

ENDLICH:
EU-Beitritt
der Türkei

POLITIK 34:36

Was?!

▶ ▶Ɪ ◀ 0:21 / 1:00

Islam ist die stärkste
Religionsgemeinschaft
in Europa geworden!

▶ ▶Ɪ ◀ 0:24 / 1:00

Gleichzeitig zur GiS-Gebühren-Erhöhung
Armin Wolf ist
neuer ORF-Chef!

Armin Wolf wird ab sofort Alexander Wrabetz als ORF-Boss ersetzen. Der
Stiftungsrat des ORF hat das mit Mehrheit beschlossen, um die Leistungen
des langjährigen Anchorman zu würdigen. Zukünftig werde der ORF eine
viel offensivere bunte und weltoffene Richtung einschlagen, so Wolf.

▶ ▶Ɪ ◀ 0:26 / 1:00

Abbildung 17: Screenshots des FPÖ-Videos *Am 26. Mai – Aufstehen für Österreich, damit es kein böses Erwachen gibt!* während des EU-Wahlkampfes 2019.

Bereits 2001 hat der Politikwissenschaftler Andreas Dörner auf die Funktion massenmedialer Logiken der Unterhaltung für die Politik hingewiesen und den Begriff »Politainment« geprägt. Der Begriff verweist in zweifacher Weise auf eine symbiotische Beziehung von Politik und Unterhaltung. Unterhaltende Politik bezeichnet den Rückgriff politischer AkteurInnen auf Stilmittel und Formate der Unterhaltungskultur, politische Unterhaltung verweist hingegen auf Tendenzen der Unterhaltungsindustrie, vermehrt politische Themen aufzugreifen und in fiktionale Erzählungen einzubeziehen. Dörner attestiert beiden Modi des Politainment durchaus auch positive Effekte für demokratische Öffentlichkeiten, da so beispielsweise auch MediennutzerInnen erreicht werden können, die an traditionellen Formen politischer Kommunikation weniger interessiert sind (vgl. Dörner 2001).

Eher dem Genre unfreiwilliger Komik zuzurechnen ist ein Testimonial-Spot aus dem Nationalratswahlkampf 2019, in dem die Schauspielerin Christiane Hörbiger zum Negative Campaigning gegen die *Sozialdemokratische Partei Österreichs* (SPÖ) und ihre Spitzenkandidatin Pamela Rendi-Wagner angetreten ist (vgl. Kurz 2019; siehe Abbildung 18). In Testimonial-Spots erklären bekannte Persönlichkeiten üblicherweise, warum sie einen Kandidaten oder eine Kandidatin unterstützen. Wortmeldungen von Personen aus (vermeintlich) politikfernen Bereichen wie beispielsweise dem Sport, der Wirtschaft oder der populären Kultur sollen im Wahlkampf nicht nur einen besonders glaubwürdigen Eindruck machen, sondern auch positive Emotionen mobilisieren, die unterschiedliche Publikumsgruppen mit Testimonials verbinden.[26]

Das Hörbiger-Video bleibt den Genrekonventionen mit einem hymnischen Lob des ÖVP-Spitzenkandidaten Sebastian Kurz zwar treu (»Wie waren wir doch froh und glücklich, wie Sie Kanzler geworden sind!«), geht dann aber bruchlos in einen

---

26 So fungierten beispielsweise schon Anfang der 1990er-Jahre der dreifache Formel-1-Weltmeister, Niki Lauda, und der Sänger und Gewinner des Eurovision Song Contest 1966, Udo Jürgens, als Testimonials der Informationskampagne der österreichischen Bundesregierung zum EU-Beitritt Österreichs (Bundesministerium für Auswärtige Angelegenheiten 1992, 15f.).

Abbildung 18: Screenshots des Videos *Christiane Hörbiger für Sebastian Kurz* während des österreichischen Nationalratswahlkampfes 2019.

Frontalangriff auf die SPÖ-Spitzenkandidatin Pamela Rendi-Wagner über. In dem knapp einminütigen Spot zeigt sich Hörbiger empört über den Misstrauensantrag der SPÖ, durch den Kurz und seine Übergangsregierung in Folge der Ibiza-Affäre das Amt verloren haben, und bezeichnet ihn als »vollkommen verblödet«. Die in Wir-Form formulierte Botschaft löste zahlreiche kritische und satirische Reaktionen in Sozialen Netzwerken sowie eine breite Anschlusskommunikation in etablierten Massenmedien aus. Hörbiger trägt bei ihrem Auftritt ein Trachtenkostüm und eine Halskette mit Kreuz-Anhänger und appelliert damit visuell an Zielgruppen der ÖVP. Pamela Rendi-Wagner reagierte auf das Negative Campaigning mit einer Videobotschaft, in der sie Hörbiger zu einem persönlichen Gespräch einlud, das von der Schauspielerin allerdings abgelehnt wurde.

KAPITEL 4
MIT BILDERN GESCHICHTEN ERZÄHLEN: VISUELLES STORYTELLING IM WAHLKAMPF

Selten wird in der Politik so offen über Kampagnen gesprochen, wie es Michelle Obama in ihrem 2018 erschienenen Buch *Becoming* getan hat. In dem autobiografischen Bestseller schildert die Gattin des ehemaligen US-Präsidenten Barack Obama, welche Herausforderungen ein Wahlkampf und die damit verbundene Dauerbeobachtung für PolitikerInnen und ihre Familien bedeuten. Die routinierte Souveränität, mit der sich die ehemalige First Lady heute in der Öffentlichkeit bewegt, ist das Ergebnis eines langen und mitunter frustrierenden Lernprozesses über die Logiken medialer Aufmerksamkeit und die Grenzen der Einflussnahme auf das eigene Image.

Ein Beispiel für diesen Lernprozess war die Einrichtung eines Gemüsegartens auf dem Gelände des Weißen Hauses. Michelle Obama hatte sich den Gemüsegarten ausgesucht, um das politische Projekt ihres Gatten zur Reform der Gesundheitsversorgung in den USA mit einer Erzählung über gesunde Ernährung zu unterstützen: »On the surface, a garden felt elemental and apolitical, a harmless and innocent undertaking by a lady with a spade – pleasing to Barack's West Wing advisers who were constantly concerned about ›optics,‹ worrying about how everything appeared to the public« (Obama 2018, 311).

Der Gemüsegarten war von Beginn an als Ausgangspunkt einer breiteren öffentlichen Diskussion über gesunde Ernährung junger Menschen sowie über die Kennzeichnung und Vermarktung von Lebensmitteln geplant, wirkte als Projekt aber zunächst so harmlos, dass es nicht einmal die besorgten BeraterInnen des US-Präsidenten auf den Plan rief. So wurde der Garten zu einem Schauplatz für Veranstaltungen zum Thema Ernährung, bei denen Kinder und Jugendliche in den Anbau und die Ernte des Gemüses eingebunden wurden. Das Gemüse wiederum wurde nicht nur in den Speiseplan des Weißen Hauses aufgenommen oder Obamas Gästen als Geschenk überreicht, sondern auch regelmäßig an eine Küche für obdachlose Menschen abgegeben (vgl. ebd., 336). Sämtliche Aktivitäten im bzw. rund um den Garten wurden selbstverständlich mit Fotos und Videos dokumentiert, um das Projekt öffentlichkeitswirksam zu inszenieren.

Trotz breiter Popularität rief der Gemüsegarten aber auch KritikerInnen auf den Plan. Aus feministischer Perspektive wurden beispielsweise Fragen zur Rollenauslegung der First Lady laut. Das Projekt – so der Tenor – könne der Ausbildung und professionellen Erfahrung der Rechtsanwältin Michelle Obama nicht gerecht werden. »Regardless of what I chose to do, I was bound to disappoint someone«, so Obama (2018, 328). Der Wahlkampf hatte sie gelehrt, dass jede Bewegung und jeder Gesichtsausdruck auf unterschiedlichste Weise interpretiert werden konnten: »I was either hard-driving and angry or, with my garden and messages about healthy eating, I was a disappointment to feminists, lacking a certain stridency« (ebd.).

Michelle Obama entschied sich, das Projekt trotz kritischer Stimmen fortzusetzen und auf eine breitere Basis zu stellen. Nach Gesprächen mit Ernährungs- und GesundheitsexpertInnen sollte der Garten zum Ausgangspunkt einer Erzählung über einen gesunden und aktiven Lebensstil junger Menschen werden. Michelle Obama machte sich zum Gesicht der Kampagne, turnte mit einem Hula-Hoop-Reifen im Garten des Weißen Hauses und trat unter anderem in der populären Kindersendung *Sesamstraße* auf, um mit den Protagonisten Elmo und Big Bird über Gemüse zu plaudern (vgl. ebd., 337).

Im Februar 2010 ging Obama schließlich mit ihrer Kampagne »Let's Move!« an die Öffentlichkeit, die sich dem Kampf gegen Adipositas im Kindesalter verschrieben hatte. Die BeraterInnen des US-Präsidenten verfolgten die Präsentation der Kampagne mit Sorge, dass die First Lady als gouvernantenhaft wahrgenommen werden könnte – und das just zu einer Zeit, in der die Obama-Administration aufgrund umstrittener Rettungsmaßnahmen für Banken und Autokonzerne im Zuge der Wirtschaftskrise mit einer für staatliche Interventionen besonders sensibilisierten Öffentlichkeit konfrontiert war (vgl. ebd., 337).

Dass Michelle Obama ihr Gartenprojekt rückblickend als einen Erfolg verbuchen kann, liegt nicht zuletzt an der Entwicklung einer Erzählung, die konsequent mit visuellen Inszenierungen verbunden wurde: »I was learning how to connect my message to my image, and in this way I could direct the American gaze«, so Obama (2018, 372). »I could put on an interesting outfit, crack a joke, and talk about sodium content in kids' meals without being totally boring«. Michelle Obamas Erfahrungen zeigen, dass der Erfolg einer politischen Kampagne von zahlreichen Faktoren abhängt, die nur teilweise im Einflussbereich strategischer Kommunikation liegen. Die Vermittlung zentraler Inhalte und Ziele in Form einer Erzählung gilt jedenfalls als eine wichtige Vorbedingung.

4.1 POLITISCHE STORIES

Politische Kommunikation wird immer häufiger in erzählerischer Form geplant und umgesetzt (vgl. Hofmann / Renner / Teich 2014; Gadinger / Jarzebski / Yildiz 2014). PolitikerInnen und ihre PR-Teams entdecken »die gestalterische Kraft der Geschichten« (Jarzebski 2015, 367).[27]

Dem Einsatz von Storytelling in der politischen Kommunikation liegt die Vorstellung zugrunde, dass Fakten alleine nicht ausreichen, um Menschen überzeugen zu können, weshalb es einer erzählerischen Vermittlung von Informationen bedarf (vgl. Garmston 2019, 3). Der Pädagoge Robert J. Garmston erklärt, warum Geschichten bei der Vermittlung von Inhalten und der Durchsetzung von Normen und Überzeugungen relevant sind: erstens erweisen sie sich als effektiv, weil sie neurologische Veränderungen

---

27   In der wissenschaftlichen Forschung wird dieses Phänomen unter verschiedenen, nicht immer trennscharf voneinander abgesetzten Begriffen wie politische Narrative, politische Erzählungen oder politische Stories diskutiert. Die unterschiedlichen Zugänge haben gemein, dass sie Sprache nicht nur als relevant für die Politikvermittlung begreifen, »sondern viel grundsätzlicher als elementares Medium des Weltverstehens und Weltveränderns« (Gadinger/Jarzebski/Yildiz 2014, 4).

bei ihren ZuhörerInnen stimulieren und Empathie fördern können, zweitens personalisieren sie Inhalte und stellen so eine Verbindung zwischen ErzählerInnen und ihrem Publikum her, drittens aktivieren sie das intuitive Wissen des Publikums, viertens nutzen sie die Ressourcen des menschlichen Unterbewusstseins (vgl. Garmston 2019, 5). Durch diese besonderen Funktionen haben Stories die Chance, aus einer Fülle an Informationen herauszustechen (vgl. ebd., 6). Garmston betont, dass Informationsvermittlung in erzählerischer Form nicht nur überzeugender erscheint, sondern auch leichter erinnert werden kann: Durch Geschichten nehmen ZuhörerInnen Ideen an, als wären es ihre eigenen (vgl. ebd., 13). Umgekehrt bedeutet das, dass sich politische Erzählungen nicht einfach durch rationale Argumente oder Fakten entkräften lassen: »Wirksamen Narrationen ist letztlich nur durch Gegen-Narrationen zu begegnen oder durch Umerzählungen desselben Metanarrativs« (Llanque 2014, 26).

Für den Politikwissenschaftler Sebastian Jarzebski sind vor allem Wahlkämpfe geeignet, »das Wirken von Erzählungen zu beobachten« (2015, 368). Stories helfen dabei, »komplexe Zusammenhänge in handhabbare Formen zu gießen« (ebd.), bedienen das »Bedürfnis nach ordnenden Sprachstrukturen« (ebd.) bei PolitikerInnen, JournalistInnen und potenziellen WählerInnen und unterstützen »die öffentliche Verhandlung konkurrierender Deutungsangebote« (ebd., 369). Erzählungen sind demnach zentral, um politische Positionen sowie unterschiedliche Auslegungen politischer Sachverhalte nachvollziehbar zu machen. Darüber hinaus sind sie für »gesellschaftliche Prozesse der *Sinnvermittlung und Legitimitätserzeugung*« (Gadinger/Jarzebski/Yildiz 2014, 10; Hervorhebung im Original) sowie für die »*Verkörperung von Machtansprüchen*« (ebd., 11; Hervorhebung im Original) relevant.

Howard Gardner (1995) unterscheidet in seiner Analyse politischer Stories zwischen drei verschiedenen Erzählungen über politische Führung: »ordinary«, »innovative« oder »visionary«, also gewöhnlich, innovativ oder visionär. Gardner geht davon aus, dass PolitikerInnen ihre Geschichten nicht nur vermitteln, sondern regelrecht verkörpern sollten (vgl. ebd., 9). Dies kann etwa durch beispielhaftes und inspirierendes Verhalten geschehen, das

PolitikerInnen vorleben. In politischen Wahlkämpfen dient Storytelling also zunächst der Zuspitzung des Wahlkampfes auf eine Person. Die SpitzenkandidatInnen werden dabei zu ProtagonistInnen von Geschichten, in denen sie unterschiedliche Rollen ausüben. Der »Akt der Ordnung von Erfahrungen wird als *Konfiguration*, oder *Emplotment* bezeichnet und versucht den Moment der kreativen Setzung des Erzählenswerten zu benennen« (Jarzebski 2015, 373; Hervorhebung im Original). Stories wiederum lassen sich als »individuell verschieden konfiguriertes Geschehen« definieren (ebd., 377).

Wie Storytelling in einen Wahlkampf eingebunden werden kann, wird in Österreich spätestens seit dem Bundespräsidentschaftswahlkampf 2016 und der Kampagne von Alexander Van der Bellen diskutiert. Die biografisch geprägte Erzählung von der Flucht seiner Familie nach Österreich und der Ankunft im Tiroler Kaunertal sowie die Ableitung des für die Kampagne zentralen Heimatbegriffes aus diesen biografischen Erfahrungen wurden zu einem wichtigen Bestandteil seiner Kommunikationsaktivitäten (vgl. Bernhardt/Liebhart 2020; vgl. Abschnitt 4.5 dieses Kapitels).

In US-Wahlkämpfen wird Storytelling bereits deutlich länger eingesetzt (vgl. z. B. Keim/Rosenthal 2016; Levine 2017; Redekop 2016). Bereits Anfang des 20. Jahrhunderts wusste Theodore Roosevelt Storytelling für sich zu nutzen, indem er sich als besonders naturverbundener Präsident inszenierte (vgl. Redekop 2016). In der digitalen Ära erlangte vor allem die Präsidentschaftskampagne von Barack Obama im Jahr 2008 besondere Bekanntheit, die mit der Erzählung einer Hoffnung auf Veränderung und den Schlagwörtern »Hope« und »Change« antrat und sie bis in die Gestaltung des Kampagnenlogos konsequent umsetzte. Auch im Präsidentschaftswahlkampf 2012 zwischen Barack Obama und Mitt Romney setzten beide Kandidaten auf Storytelling. Während die Romney-Kampagne versuchte, die Geschichte eines erfolgreichen Geschäftsmannes zu lancieren, der gleichzeitig Patriot und Familienmensch ist, präsentierte sich Obama als Amtsinhaber, der viel erreicht hat (vgl. Keim/Rosenthal 2016, 318f.). Ein Beispiel für Obamas Storytelling-Strategie ist das knapp 17-minütige Video

The Road We've Traveled (vgl. Obama 2012), das die Geschichte seiner ersten Amtszeit als US-Präsident erzählt. Der von David Guggenheim produzierte und von Tom Hanks gesprochene Kurzfilm wurde im März 2012 auf dem *YouTube*-Kanal der Kampagne veröffentlicht und erreichte mehr als 2,5 Millionen UserInnen (vgl. Keim/Rosenthal 2016, 319).

Storytelling spielte aber auch im Negative Campaigning der beiden Kandidaten eine Rolle. In einer Analyse des digitalen Präsidentschaftswahlkampfes 2012 beschreiben Nina Keim und Adrian Rosenthal den Negativwahlkampf aus Sicht der Kampagnen als erfolgreich, da die Erzählungen und Vorwürfe nicht nur von UserInnen in Sozialen Netzwerken verbreitet, sondern auch von etablierten Massenmedien aufgenommen wurden (vgl. ebd., 320).

Im US-Präsidentschaftswahlkampf 2016 konnte sich Donald J. Trump als erfolgreicher Geschäftsmann, TV-Persönlichkeit und politischer Außenseiter mit dem Potenzial zur Veränderung eines Washington-Establishments inszenieren (vgl. Levine 2017, 1036). Mehrere TV-Spots unter dem Titel *Two Americas* entwarfen erzählerisch Zukunftsszenarien zu Policy-Bereichen wie Zuwanderung oder Wirtschaft, die sich in »Hillary Clinton's America« und »Donald Trump's America« diametral unterschiedlich entwickeln (vgl. McLaughlin/Velez 2019, 22).

4.2 Visuelle Erzählwelten

Stories helfen PolitikerInnen, sich mit ihren biografischen Hintergründen und politischen Motivationen vorzustellen. PolitikerInnen erzählen Geschichten »about themselves and their groups, about where they were coming from and where they were headed, about what was to be feared, struggled against, and dreamed about« (Gardner 1995, 14). Am Beginn eines Wahlkampfes steht daher häufig ein programmatisches Buch, in dem KandidatInnen aus ihren Biografien Motivationen für ihr politisches Handeln ableiten. So erläuterte beispielsweise Barack Obama in seinem Buch *The Audacity of Hope: Thoughts on Reclaiming the American Dream* (2006) jene Themen, die zu Leitmotiven seiner erfolgreichen Präsidentschaftskampagne geworden sind. In französischen Präsidentschaftswahlkämpfen haben Bücher von KandidatInnen ebenfalls eine lange Tradition. Der spanische Politiker Pablo Iglesias Turrión, Generalsekretär von *Podemos* seit 2014, publizierte im selben Jahr ein programmatisches Buch, das unter dem Titel *Politics in a Time of Crisis: Podemos and the Future of Democracy in Europe* 2015 ins Englische übersetzt wurde. Rechtzeitig vor seiner Kandidatur im Rahmen des österreichischen Bundespräsidentschaftswahlkampfes 2016 legte auch Alexander Van der Bellen mit *Die Kunst der Freiheit – In Zeiten zunehmender Unfreiheit* (2015) ein Buch vor, das persönliche Erinnerungen mit seiner Konzeption des Freiheitsbegriffs verbunden hat.

Zur Vorstellung von SpitzenkandidatInnen muss selbstverständlich nicht immer ein Druckwerk präsentiert werden. Immer häufiger sind es Videos, in denen sich PolitikerInnen mit ihren Geschichten einer breiteren Öffentlichkeit präsentieren. Die US-Kongressabgeordnete Alexandria Ocasio-Cortez setzte 2018 in ihrem parteiinternen Vorwahlkampf gegen den Demokraten Joe Crowley auf das Kampagnenvideo *The Courage to Change*, in dem sie ihre Motivation für ein politisches Amt aus ihren biografischen Erfahrungen als Tochter einer ArbeiterInnenfamilie in der New Yorker South Bronx ableitet (vgl. Ocasio-Cortez 2018).

Die Gestaltung visueller Erzählwelten ist stets mit Prozessen der Auswahl und Akzentuierung von Inhalten verbunden (vgl. Kapitel 3, Abschnitt 3.2). Während seiner Amtszeiten als österreichischer Außenminister und späterer Bundeskanzler veröffentlichte Sebastian Kurz auf seinen Social-Media-Auftritten wiederholt Fotos, die ihn bei Flügen in der Economy-Klasse zeigten (vgl. Bernhardt/Liebhart 2018). Über die Bildauswahl vermittelte sein Social-Media-Team mehr als häufige Reisetätigkeit. Denn Bilder können etwas ausdrücken, das sich über Sprache oder Betextung nur schwer vermitteln lässt: für ein politisches Amt vorteilhafte Eigenschaften wie Bescheidenheit und Sparsamkeit, Fleiß oder internationale Anerkennung teilen sich assoziativ mit und können durch die Wiederholung von Bildmotiven eindrücklich forciert werden (vgl. ebd.).

Auch im Bundespräsidentschaftswahlkampf 2016 setzten die beiden Kandidaten Alexander Van der Bellen und Norbert G.

Hofer auf die Wiederholung von Motiven (vgl. Bernhardt/Liebhart 2017). So machte beispielsweise Alexander Van der Bellen durch Fotos, die ihn beim Bahnfahren zeigen, auf die Relevanz öffentlicher Verkehrsmittel in Zeiten der Klimakrise aufmerksam. Norbert G. Hofers Biografie wiederum wurde durch einen Unfall beim Paragliden und eine daraus resultierende Gehbehinderung nachhaltig geprägt. Die lange Rekonvaleszenz wurde im Wahlkampf immer wieder thematisiert, um für das angestrebte Amt wünschenswerte Eigenschaften wie Durchhaltevermögen und Zielstrebigkeit abzuleiten (vgl. ebd.).

KandidatInnen erzählen beim Storytelling aber nicht nur über ihre Herkunft und ihren Weg in die Politik. Sie versuchen auch, sich als Personen mit ihren Eigenschaften, Vorlieben, Positionen und Werten im Rahmen einer Kampagne sichtbar zu machen. Alexander Van der Bellen zeigte sich 2016 als passionierter Leser, Kaffeetrinker, Sudoku-Spieler und Fan der Comicfigur Donald Duck, während Norbert G. Hofer seine Leidenschaft für das Fliegen ins Bild brachte und sich mit Modellflugzeugen oder im Cockpit einer Hubschraubers präsentierte. Eine Langfristperspektive dieses Interesses wurde durch die Auswahl von Kinderfotos Hofers mit Modellflugzeugen betont (vgl. ebd.).

Im Nationalratswahlkampf 2017 präsentierte sich SPÖ-Spitzenkandidat Christian Kern mit dem Video *Miteinander kommen wir weiter* (vgl. SPÖ 2017b). Im Spot nimmt Kern nicht nur auf seine Kindheit und Jugend im Wiener ArbeiterInnenbezirk Simmering Bezug (siehe Abbildung 19), sondern präsentiert sich auch als passionierter Sportler. Die Betonung des Sports als Leidenschaft Kerns bildet eine inhaltliche Klammer des Videos. Kern zeigt sich darin als Läufer, der die Stationen seiner Kindheit in Simmering passiert. Als besondere Leidenschaft seit Kindertagen wird das Fußballspiel ausgewiesen (siehe Abbildung 20). Bezugnahmen auf die Welt des Sports sind in der politischen Kommunikation besonders beliebt, da sie den gedanklichen Transfer positiv konnotierter Eigenschaften – wie Fitness oder Teamfähigkeit – in die Politik ermöglichen (vgl. Spitaler 2005). Der Körper des Politikers wird dabei zum Ausweis für Stärke und Durchhaltevermögen.

In besagtem Video erklärt Kern, was er aus seinen biografischen Erfahrungen gelernt hat. Die Themen, die er dabei aufgreift, sind zentrale sozialdemokratische Anliegen: soziale Ungleichheit, Chancenverteilung und Bildung. Kern erzählt, wie er es aus einfachen Verhältnissen an die Spitze der *Österreichischen Bundesbahnen* (ÖBB), eines Unternehmens mit 42.000 MitarbeiterInnen, geschafft hat. Seine Kindheit ist von der frühen Erfahrung ökonomischer Ungleichheit und der Begegnung mit einem hoch selektiven Schulsystem geprägt. In der Volksschule rät die Lehrerin wegen der Note Gut in Deutsch und Schönschreiben von einer Versetzung ins Gymnasium ab. Kerns Mutter habe jedoch »Berge versetzt«, damit ihr Sohn eine gute Ausbildung bekommt. Ihr Engagement bringt Kern schließlich ins Gymnasium und später auch an die Universität, die er als alleinerziehender Vater eines Sohnes absolviert. Damit folgt der Spot dem dramaturgischen Muster einer Coming-of-Age-Erzählung, in der sich der Protagonist aus schwierigen ökonomischen Verhältnissen durch Leistung und familiäre Solidarität an die Spitze eines Großunternehmens kämpft. Die Botschaft seiner biografischen Erzählung wird zur Botschaft der Kampagne: Für andere da sein, »gemeinsam durch dick und dünn gehen, niemanden im Stich lassen« (SPÖ 2017b).

Die visuelle Erzählwelt des Videos ist durch die Verwendung von politischen Bildstrategien gekennzeichnet, wie sie die Kommunikationswissenschaftlerin Marion G. Müller in ihrer 1997 erschienenen Studie *Politische Bildstrategien im amerikanischen Präsidentschaftswahlkampf, 1828–1996* rekonstruiert hat. Obwohl sich Müllers Analysen auf US-Wahlkämpfe beziehen und daher nicht bruchlos auf andere politische Kulturen übertragbar sind, finden sich einige der von ihr beschriebenen Strategien auch in Kerns Spot wieder. Der Politiker aus einfachen Verhältnissen, der für Fußball schwärmt und die Sorgen der »kleinen Leute« aus eigener Erfahrung kennt, folgt dem Muster der »Common Man«-Strategie (Müller 1997, 187ff.), die durch eine »Helden-Strategie« (ebd., 164ff.) ergänzt wird. Denn der Mann einfacher Herkunft muss sich zunächst von der Masse abheben, um Erfolg zu haben und später für sie eintreten zu können. Eigenschaften wie Zielstrebigkeit, Durchhaltevermögen und Führungskompetenz werden hierbei ins Treffen geführt. Die »Familien-Strategie« (ebd., 200ff.) wiederum präsentiert Kern als Teil einer liebevollen und fürsorglichen Gemeinschaft. Er verweist auf eine glückliche Kindheit, das Engagement seiner Eltern – »Sie haben hart dafür gearbeitet, dass es uns Kindern eines Tages besser geht« (SPÖ 2017b) – sowie auf die eigenen Erfahrungen als alleinerziehender Vater, die seinen Gemeinschaftssinn nachhaltig geformt und geprägt haben.

Besonders interessant ist der Rückgriff auf die sogenannte »Ahnen-Strategie« (Müller 1997, 178ff.), die im Spot durch Archivaufnahmen des ehemaligen sozialdemokratischen Bundeskanzlers Bruno Kreisky verfolgt wird. Marion G. Müller erklärt, dass die Ahnen-Strategie »nicht nur eine intime Beziehung zwischen dem Kandidaten und seinen ›Ahnen‹« herstellt, sondern auch die zeitliche Distanz zwischen ihnen überbrückt und dadurch eine »Traditionslinie« (ebd., 178) herstellt. Sie ermöglicht dem Kandidaten, sich als Nachfolger einer ikonischen Figur zu inszenieren und eine politische Kontinuität zu betonen (vgl. ebd.). Kern präsentiert Bruno Kreisky im Video als politischen »Über-Vater«: »Ich bin aufgewachsen mit dem Bruno Kreisky im Fernsehen, der davon gesprochen hat, dass alle Menschen in unserem Land die gleichen Chancen bekommen sollen. Als Vater von vier Kindern berührt mich das bis heute« (SPÖ 2017b; siehe Abbildung 21). Das »Anknüpfen an Vergangenes« enthält laut Marion G. Müller »ein starkes emotionales Argument, das auf das Sicherheitsempfinden der Menschen, die Angst vor Veränderungen und eine gewisse nostalgische Verklärung von Erinnerung abzielt« (Müller 1997, 178).

Bemerkenswert ist außerdem die Verwendung von Fotos im Video, die einerseits Kerns Familiengeschichte ins Bild bringen, und andererseits unterschiedliche Tätigkeiten in seiner Funktion als österreichischer Bundeskanzler zeigen: Gesprächssituationen und Selfies mit BürgerInnen, Handshakes mit der deutschen Bundeskanzlerin Angela Merkel oder mit Papst Franziskus oder ein Gruppenfoto mit anderen Staats- und RegierungschefInnen machen Teile seines Tätigkeitsspektrums sichtbar, ohne sie dezidiert ansprechen zu müssen.

Abbildung 19: Screenshot des Videos *Miteinander kommen wir weiter!* während des österreichischen Nationalratswahlkampfes 2017.

Abbildung 20: Screenshot des Videos *Miteinander kommen wir weiter!* während des österreichischen Nationalratswahlkampfes 2017.

Abbildung 21: Screenshots des Videos *Miteinander kommen wir weiter!* während des österreichischen Nationalratswahlkampfes 2017.

Im österreichischen Nationalratswahlkampf 2019 ist das Erzählen mit biografischen Videos sowie die Ausgestaltung visueller Erzählwelten zu einem fixen Bestandteil von Kampagnen geworden. So bewarb sich beispielsweise die Politikerin Stephanie Krisper (NEOS – *Das Neue Österreich und Liberales Forum*) mit einem Video im Rahmen der parteiinternen Vorwahlen (vgl. Krisper 2019; siehe Abbildung 22). Der Spot präsentierte Krisper, die

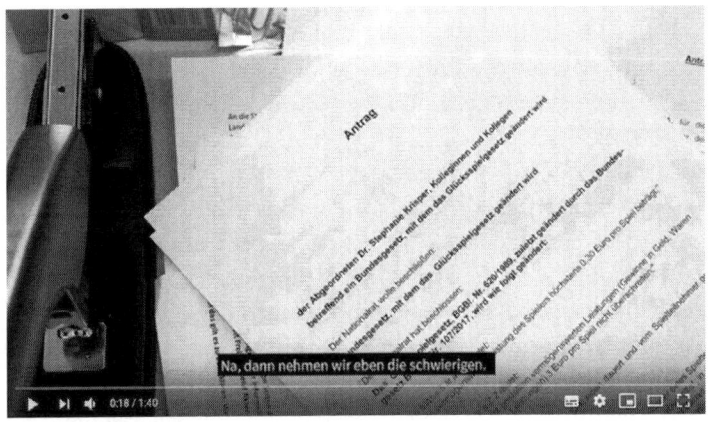

Abbildung 22: Screenshots des Videos *Steffi weiter im Parlament!* während des österreichischen Nationalratswahlkampfes 2019.

sich in einem parlamentarischen Untersuchungsausschuss über die politische Einflussnahme auf das *Bundesamt für Verfassungsschutz und Terrorismusbekämpfung* (BVT) einen Namen als Aufdeckerin gemacht hat, mit ihrer Leidenschaft für das Recherchieren komplexer Zusammenhänge. Visuell unterstreicht Krisper dieses Anliegen mit Aktenbergen, die sie akribisch durchforstet, sowie mit Bildern von Sitzungen und Pressekonferenzen.

4.3 DEEP STORIES

Stories werden selbstverständlich nicht nur von politischen AkteurInnen erzählt, sondern prägen auch den Alltag und damit das Politikverständnis der Bevölkerung. Die Soziologin Arlie Russel Hochschild ist in ihrem Buch *Strangers in Their Own Land* der Frage nachgegangen, welche gemeinsamen Erzählungen UnterstützerInnen Donald J. Trumps und der Tea Party verbinden (vgl. Hochschild 2018). Grundlage ihrer Forschung bildete eine fünfjährige ethnografische Studie im Süden der USA. Der zentrale Begriff der »Deep Story« verweist darauf, dass sowohl konservative als auch liberale WählerInnen Geschichten über sich und ihren jeweiligen Wertekanon teilen. Deep Stories müssen nicht korrekt sein, sondern müssen sich vor allem »echt« anfühlen: »A deep story is a *feels-as-if* story – it's the story feelings tell, in the language of symbols. It removes judgement. It removes fact. It tells us how things feel« (Hochschild 2018, 135; Hervorhebung im Original). Laut Hochschild konnte Trump in seinem Präsidentschaftswahlkampf 2016 diese »Deep Stories« für sich nutzen, indem er Erzählungen anbot, die bestätigten, wie sich seine UnterstützerInnen fühlten. Seine Rhetorik gab ihnen die Möglichkeit, diese Geschichten offen zu artikulieren.

Auch in Österreich appellieren PolitikerInnen immer wieder an »Deep Stories« ihrer UnterstützerInnen. Im Bundespräsidentschaftswahlkampf 2016 präsentierte sich Norbert G. Hofer von der *Freiheitlichen Partei Österreichs* (FPÖ) als »Kandidat des Volkes« (vgl. Bernhardt/Liebhart 2017), indem er visuell Bodenständigkeit und breiten Zuspruch forcierte, während er sprachlich an Anti-Elitismus und Anti-Intellektualismus appellierte (vgl. Wodak 2016).

Am Tag nach Bekanntwerden des sogenannten Ibiza-Videos gab Heinz-Christian Strache, ehemaliger Vizekanzler und Chef der *Freiheitlichen Partei Österreichs* (FPÖ), eine Pressekonferenz. Dabei lancierte er die Erzählung eines politisch motivierten Attentats aus dem Ausland. Mit der von ihm forcierten Frage nach dem Produktionskontext des Videos überblendete Strache den wichtigeren Aspekt der persönlichen und politischen Verantwortung. Die Journalistin Lara Fritzsche bemerkte dazu auf *Twitter*, Strache versuche sich als Mann (für sein »Macho-Gehabe«), Ehemann (für den Versuch, eine andere Frau zu beeindrucken) und Ehrenmann (für abschätzige Bemerkungen über Kollegen) zu entschuldigen. Er signalisiere damit »private Verfehlungen auf dem Feld der Männlichkeit« (Fritzsche 2019), womit ihm Sympathien sicher seien.

Im auf den Ibiza-Skandal folgenden Nationalratswahlkampf 2019 präsentierte sich Sebastian Kurz, Parteichef und Spitzenkandidat der *Österreichischen Volkspartei* (ÖVP), auf seinem ersten Sujet mit dem Slogan »Unser Weg hat erst begonnen«. Als Hindernis auf diesem Weg erweist sich eine vermeintliche Koalition zwischen der *Sozialdemokratischen Partei Österreichs* (SPÖ) und der *Freiheitlichen Partei Österreichs* (FPÖ). Kurz ist auf seinem Weg aber nicht alleine unterwegs, sondern beschreitet diesen mit einem imaginierten Volk, das in seinem Sinne entscheiden wird. Das Sujet sorgte aufgrund seiner Ästhetik und eines konstruierten Gegensatzes zwischen parlamentarischen Entscheidungen und einem vermeintlichen Volkswillen für intensive Diskussionen in Sozialen Netzwerken. In der Anfangsphase des Wahlkampfes zeigte sich Kurz außerdem auf einer Tour durch die österreichischen Bundesländer, die vor allem über das Story-Feature der Plattform *Instagram* inszeniert wurde. Kurz präsentierte sich beim Austausch mit der Landjugend, in Gesprächen mit VertreterInnen von Blaulichtorganisationen oder bei Selfies mit Fans. Die Ausgestaltung der visuellen Erzählwelt legt nahe, dass Kurz herzlich aufgenommen wird und seinem jeweiligen Gegenüber zuhört. Damit unterstützt er den erzählerisch etablierten Vertretungsanspruch einer Stimme des Volkes auch visuell. Unterstützung findet er in scheinbar zufällig ausgewählten Testimonials, die die Stories in Kurzvideos fortsetzen (vgl. Bernhardt 2019a).

Die Bundesländertour war nicht nur Gegenstand der strategischen Selbstinszenierung des ÖVP-Spitzenkandidaten, sondern auch medialer Anschlusskommunikation. Über die Bundesländertour wurde unter anderem in der ORF-Sendung *Niederösterreich heute* am 13. Juni 2019 berichtet, in der Kurz in einem O-Ton seine Erzählung positionieren konnte: Er sei froh, aus den zahlreichen Gesprächen Ideen und Anregungen mitnehmen und in die politische Arbeit einbringen zu können. Auch die Tageszeitung

Kurier widmete der Bundesländertour einen Beitrag und titelte mit der vermeintlich erzürnten vox populi: »Sie haben ihn uns weggenommen« (Böhmer 2019).

4.4 Digitales Storytelling

In der digitalen Ära haben sich die Möglichkeiten für die Entwicklung politischer Stories erheblich erweitert. Dieter Georg Herbst und Thomas Heinrich Musiolik, die sich mit Unternehmenskommunikation und Markenführung beschäftigen, definieren digitales Storytelling als *»das Erzählen und Erleben von Geschichten mit den Besonderheiten der digitalen Medien und digitalen Technologien«* (2016, 61; Hervorhebung im Original). Die Autoren beschreiben digitale Geschichten als »bildhaft, bewegungsnah und anschaulich« und attestieren ihnen eine besondere Wirksamkeit, »weil sie daran anknüpfen, wie unser Gehirn Informationen aufnimmt, verarbeitet, speichert und abruft« (ebd., 21).

Digitale Technologien bieten im Wesentlichen vier Besonderheiten, die sie für Storytelling interessant machen: Integration, Verfügbarkeit, Vernetzung und Interaktivität (ebd., 42f.). Der Begriff der Integration verweist auf die verschiedenen Bausteine (z. B. Anwendungen, Plattformen, Medienobjekte), die im digitalen Storytelling miteinander verbunden werden. Der Begriff der Verfügbarkeit beschreibt die prinzipiell zeit-, orts- und speicherunabhängige Möglichkeit des Abrufs digitaler Stories. Der Begriff der Vernetzung verweist auf die zunehmende Verflechtung von Geräten, Anwendungen und Diensten. Der Begriff der Interaktivität beschreibt die technische, persönliche und inhaltliche Einbindung von UserInnen. Die Kommunikationsforscherinnen Janis Terrugi Page und Margaret Duffy sehen das Potenzial digitaler Technologien für die politische Kommunikation vor allem in einem »long-form storytelling« (2018, 5), bei dem Inhalte weitgehend uneingeschränkt von Kampagnen kontrolliert werden können.

Storytelling bietet politischen Kampagnen aber nicht nur kommunikative Möglichkeiten, sondern stellt sie auch vor Herausforderungen. Denn die Entwicklung und Umsetzung politischer Erzählungen ist zunächst immer eine Ressourcenfrage.

Das Geschichtenerzählen in digitalen Öffentlichkeiten baut auf einem strukturierten Planungsprozess auf, der Arbeitskräfte, Zeitressourcen und budgetäre Mittel bindet. Wer einen Erzählbogen über einen längeren Zeitraum spannen möchte, benötigt nicht nur einen Zeitplan, sondern vor allem auch Klarheit über den Verlauf der Handlung und das Ziel der Geschichte. Darüber hinaus stellt sich die Frage, welche Aufgaben die unterschiedlichen analogen und digitalen Kommunikationskanäle mit ihren spezifischen ästhetischen Ausdrucksformen und Konventionen bzw. ihren technischen Möglichkeiten für die Story erfüllen sollen.

Soziale Netzwerke verändern sich laufend. Dadurch werden neue und dynamische Formate des Geschichtenerzählens möglich: »*Instagram*, *Facebook*, *YouTube* und Co sind eigenständige Plattformen geworden, die eigenständige Inhalte benötigen« (Lochner 2016, 138). Die Herausforderung besteht darin, »die Gepflogenheiten im Netz zu kennen und […] Inhalte darauf abzustimmen« (ebd.). Das betrifft beispielsweise Rituale und dramaturgische Grundkonzepte (z. B. *Follow Friday*, *Throwback Thursday* etc.), die sich in Communities entwickelt und eingespielt haben (vgl. ebd., 139).

Vor allem bildzentrierte Plattformen wie *Instagram* erleben in der politischen Kommunikation aktuell eine Konjunktur. *Instagram* ist ein zu *Facebook* gehörender, rasch wachsender Onlinedienst, der vor allem ein junges Publikum anspricht und in seiner aktuellen technischen Verfassheit im Wesentlichen zwei Formen der Zielgruppenansprache ermöglicht: das Posten von Fotos, Grafiken oder Videos in einem statischen Feed sowie das Posten von Fotos, Grafiken oder Videos (mit allfälligen Bearbeitungen durch Texte, Grafikelemente oder Emojis), die im sogenannten Stories-Feature zu multimodalen Geschichten zusammengesetzt werden können. Eine Besonderheit der im August 2016 eingeführten Stories liegt in ihrem ephemeren Charakter (vgl. Bayer et al. 2016). Sofern sie nicht als sogenannte Story-Highlights gesichert werden, verschwinden die geposteten Beiträge automatisch nach 24 Stunden, während Einträge im *Instagram*-Feed bis zu einer aktiven Löschung erhalten bleiben. Der flexible und zugleich flüchtige Charakter von *Instagram*-Stories trägt zu ihrer wachsenden Beliebtheit in der politischen Kommunikation bei. Die wissenschaftliche Forschung zur politischen Nutzung von *Instagram* hat in den letzten Jahren daher stetig zugenommen (vgl. etwa Bernhardt/Liebhart 2017; Muñoz/Towner 2017; Liebhart/Bernhardt 2017; Russmann/Svensson 2017).

Dieter Georg Herbst und Thomas Heinrich Musiolik erklären, dass kanalspezifische Besonderheiten Sozialer Netzwerke im digitalen Storytelling bislang noch wenig genutzt werden. Dieser Befund trifft auch auf die politische Kommunikation zu. Aktuell nutzen politische Kampagnen nur einen kleinen Teil des Potenzials von Storytelling, um ihre Botschaften zielgruppenadäquat zu vermitteln. Vor allem der Aspekt der Interaktivität, der eine aktive Einbindung von UserInnen bezeichnet und ein zentrales Merkmal des digitalen Geschichtenerzählens darstellt, ist aktuell noch schwach ausgeprägt (vgl. Herbst/Musiolik 2016, 8). Dabei könnte eine stärkere Einbindung von Zielgruppen dabei helfen, mehr über ihre Anliegen, Sorgen und Probleme in Erfahrung zu bringen und für eine Entwicklung politischer Visionen nutzbar zu machen. Denn wenn Geschichten an die Erfahrungsräume ihrer Zielgruppen anknüpfen, werden sie nicht nur »greifbarer, teilbarer, emotionaler und erlebnisreicher« (ebd., 9), sondern inspirieren auch das Weitererzählen von Geschichten als User-Generated-Content, der die strategische Kommunikation von Kampagnen ergänzen kann.

Aber nicht nur politische Kampagnen sind mit Herausforderungen durch digitales Storytelling konfrontiert. Auch die journalistische Berichterstattung ist gefordert, sich auf veränderte Rahmenbedingungen politischer Kommunikation einzustellen. Ein Ziel politischer Stories liegt in der Verbreitung und Durchsetzung intendierter Deutungsangebote. Dabei greifen Stories auf prägnante Formulierungen und anschauliches Bildmaterial zurück, das der Erzählung einen entsprechenden Rahmen verleiht. Je eindrücklicher eine Story in der Ausgestaltung ihrer visuellen Erzählwelt wirkt, desto eher bietet sie sich für eine Übernahme in die Berichterstattung etablierter Massenmedien an. JournalistInnen laufen dabei Gefahr, die Deutungsangebote politischer AkteurInnen zu übernehmen.

Nach dem Misstrauensvotum gegen die österreichische Bundesregierung in Folge des Ibiza-Skandals und seinem Amtsverlust als Bundeskanzler bediente sich Sebastian Kurz in Sozialen Netzwerken einer Amtsinhaberstrategie (vgl. Holtz-Bacha/Kaid 1993). Diese Bildstrategie wird üblicherweise von PolitikerInnen genutzt, die sich aus einem aktiven Amt für eine Wiederwahl bewerben. Zu diesem Zweck nutzen sie amtstypische Inszenierungsformen, Rituale oder Formulierungen und suggerieren eine Fortsetzung des Status quo. Dazu zählt beispielsweise die visuelle Selbstinszenierung mit anderen gleich- oder höherrangigen PolitikerInnen. So zeigte sich Sebastian Kurz beispielsweise im Sommer 2019 mit dem EU-Kommissionsbeauftragten Michel Barnier, dem Fraktionsvorsitzenden der *Europäischen Volkspartei* (EPA) im Europaparlament und Spitzenkandidaten bei der Europawahl 2019 für das Amt des EU-Kommissionspräsidenten Manfred Weber, dem israelischen Premierminister Benjamin Netanyahu und mit der deutschen Bundeskanzlerin Angela Merkel. Bildmaterial dieser Zusammentreffen wurde von seinem Social-Media-Team hergestellt und verbreitet. Vor allem der Besuch in Berlin und das Gespräch mit der deutschen Bundeskanzlerin Anfang Juli 2019 wurden nicht nur auf den offiziellen Social-Media-Kanälen des ÖVP-Parteichefs prominent platziert, sondern auch in der medialen Anschlusskommunikation verwendet. So schrieb beispielsweise die österreichische Tageszeitung *Die Presse*: »Er ist nicht mehr Kanzler. Eigentlich. Aber an diesem recht sonnigen Tag in Berlin wird Kurz hofiert, als wäre er es noch« (Nowak/Streihammer 2019). Damit übernimmt die Tageszeitung das Deutungsangebot einer Kanzlerschaft im »Pausenmodus«. Bemerkenswert ist der Umstand, dass auch das entsprechende Bildmaterial eines ÖVP-Mitarbeiters in die journalistische Berichterstattung eingebettet wurde. Beim Storytelling geht es also nicht nur um die besten Geschichten, sondern auch um die Frage, wer sie aufgreift und in welcher Form sie weitererzählt werden.

4.5 Obama und die Heimat-Story[28]

Als bislang bekanntestes und erfolgreiches Beispiel für Storytelling in österreichischen Wahlkämpfen gilt die Kampagne von Alexander Van der Bellen im Bundespräsidentschaftswahlkampf 2016. Selten haben das Amt des österreichischen Staatsoberhaupts oder die Vorgänge rund um dessen Wahl die öffentliche Aufmerksamkeit so sehr fokussiert wie in diesem ereignisreichen Jahr (vgl. Adamovich/Cede/Prosl 2017, 5; Liebhart/Bernhardt 2019, 178ff.). Der erste von letztlich drei Durchgängen (mit vier Terminen) zur Wahl eines neuen Bundespräsidenten bzw. einer neuen Bundespräsidentin mit einem außergewöhnlich breiten KandidatInnenfeld fand am 24. April 2016 statt. Erstmals gelang es keinem der Kandidaten von SPÖ und ÖVP, die nötigen Stimmen für einen Antritt in der Stichwahl am 22. Mai zu erzielen. Im zweiten Wahlgang traten der FPÖ-Kandidat Norbert G. Hofer und der unabhängige, von den *Grünen* unterstützte Alexander Van der Bellen gegeneinander an. Van der Bellen ging als knapper Sieger aus dem zweiten Wahlgang hervor, der jedoch aufgrund eines Erkenntnisses des österreichischen Verfassungsgerichtshofes vom 1. Juli 2016 zur Gänze aufgehoben wurde. Die für den 2. Oktober 2016 festgesetzte Wiederholung der Stichwahl konnte aufgrund der Schadhaftigkeit einer beträchtlichen Anzahl der ausgegebenen Wahlkarten nicht eingehalten werden. Mit einer Änderung des Bundespräsidentenwahlgesetzes wurden Sonderbestimmungen für eine Verschiebung der Wiederholung des zweiten Wahlganges getroffen (Adamovich 2017, 15), die letztlich für den 4. Dezember 2016 ausgeschrieben wurde und aus der Alexander Van der Bellen nach einem knapp einjährigen Wahlkampf als Bundespräsident hervorging.

Seine Kandidatur gab der Wirtschaftswissenschaftler und ehemalige Grün-Politiker am 8. Jänner 2016 mit dem Video *Mutig*

---

28 Eine ausführliche Beschäftigung mit der Heimat-Story wurde von den Autorinnen auch im Artikel »Storytelling im digitalen Wahlkampf. Analysen transmedialer Kampagnen am Beispiel des österreichischen Bundespräsidentschaftswahlkampfes 2016« (Bernhardt/Liebhart 2020) vorgelegt. Einige Formulierungen sowie Analysen und Schlussfolgerungen sind zum Teil wortident. Vgl. weiters auch Liebhart/Bernhardt 2019.

in die neuen Zeiten! (vgl. Van der Bellen 2016a) bekannt. Mit der Bezugnahme auf die österreichische Bundeshymne – »Wie heißt's in der Bundeshymne? ›Mutig in die neuen Zeiten!‹ Na, gefällt mir!« – gab der Kandidat ein positives und zukunftsorientiertes Motto für seinen Wahlkampf aus.

Am 21. März 2016 folgte die Präsentation der ersten Plakatserie mit insgesamt vier Sujets, die als Enthüllung der Plakate im Rahmen eines Medienevents inszeniert wurde. Die von der Agentur *Jung von Matt/Donau* gestalteten Plakate zeigten Van der Bellen an zwei unterschiedlichen Schauplätzen: im urbanen Setting des Wiener Rathauses und in alpiner Landschaft (siehe Abbildung 23).

Das Design der Plakate setzte sich nicht nur deutlich vom Corporate Design der *Grünen* ab, um auch visuell eine Unabhängigkeit des Kandidaten zu betonen, sondern zielte mit der Wahl der Schauplätze auf eine Positionierung zwischen den traditionellen politischen Lagern SPÖ und ÖVP und damit auf eine Erweiterung des potenzieller WählerInnensegmentes ab.

Die Kombination eines urbanen Settings, in dem sich Van der Bellen im Anzug präsentierte, mit einem alpinen Setting, in dem er in legerer Kleidung und in Begleitung seines Hundes zu sehen war, präsentierte den Kandidaten nicht nur in unterschiedlichen Rollen, sondern suggerierte auch, dass Van der Bellen an unterschiedlichen Schauplätzen des Landes »zu Hause« ist. Mit den Slogans »Heimat braucht Zusammenhalt«, »An Österreich glauben«, »Wir alle gemeinsam« und »Mutig in die neuen Zeiten« steckte Van der Bellen die zentralen Botschaften seiner Kampagne ab: Mut, Zuversicht und Zusammenhalt. Dieser Deutungsrahmen wurde visuell mit der Beständigkeit von Landschaft und politischem Bauwerk verbunden. Grafisch erfüllte die Kampagne durch den 3D-Effekt der Schriftbänder, der sich durch die Positionierung des Kandidaten zwischen den Buchstaben ergab, den für Plakate wichtigen Anspruch auf Wiedererkennbarkeit.

Für seine Kampagne hatte sich Alexander Van der Bellen ein prominentes Vorbild ausgesucht: Barack Obama. Eine Orientierung an den erfolgreichen Wahlkämpfen des ehemaligen US-Präsidenten kam in zahlreichen Beispielen zum Ausdruck. Bereits bei seinem offiziellen Wahlkampfauftakt im April 2016 antwortete

Abbildung 23: Erste Plakatserie des Kandidaten Alexander Van der Bellen
während des österreichischen Bundespräsidentschaftswahlkampfes im März
2016.

VAN DER
BELLEN
WAHLEN

WIR
ALLE GEMEINSAM.

VAN DER
BELLEN
WÄHLEN

MUTIG
IN DIE   NEUEN ZEITEN.

Abbildung 24: *Instagram*-Eintrag des Kandidaten Alexander Van der Bellen (@vanderbellen) während des österreichischen Bundespräsidentschaftswahlkampfes 2016.

Van der Bellen auf die Frage, ob er sich Chancen auf einen Sieg ausrechne, mit Obamas berühmten Slogan »Yes, we can!«. Im Onlineshop der Kampagne (fanderbellen.at) wurde ein T-Shirt angeboten, das den Schriftzug »ÖBAMA« sowie ein stilisiertes Porträt Van der Bellens zeigte, das sich in seiner Gestaltung am ikonischen HOPE-Poster des Künstlers Shepard Fairey aus dem Obama-Wahlkampf 2008 orientiert hat (siehe Abbildung 24).

Ein Merkmal der Obama-Kampagnen lag in der Entwicklung eines eingängigen Designs, das die zentralen Botschaften – »Hope« und »Change« – nicht nur unterstützt, sondern in eine visuelle Erzählwelt übersetzt hat: ein Logo, das eine aufgehende Sonne über Farmland als Symbol für Hoffnung und Neubeginn zeigte; Fotos einer Wahlkampfveranstaltung, die die Euphorie des Publikums und die Zugänglichkeit des Kandidaten vor Augen führten; ein Video, das die wichtigsten Stationen und Erfolge eines Wahlkampfes Revue passieren ließ, um UnterstützerInnen zu motivieren.

In der Kampagne von Alexander Van der Bellen wurden die zentralen Claims Mut, Zuversicht und Zusammenhalt über unterschiedliche Werbemittel und Kampagnenkanäle kommuniziert. Im Gegensatz zu seinem politischen Mitbewerber Norbert G. Hofer, der das Corporate Design der *Freiheitlichen Partei Österreichs* (FPÖ) für sich nutzte, setzte sich Van der Bellen vom bekannten und etablierten Design seiner ehemaligen Partei (*Die Grünen*) und der charakteristischen Farbkombination hellgrün-magenta ab.

Ein weiteres Merkmal der Obama-Kampagnen lag in der Einbindung prominenter UnterstützerInnen. Besondere Bekanntheit haben das bereits erwähnte HOPE-Poster des Künstlers Shepard Fairey oder das aus Obama-Zitaten bestehende, vom Künstler will.i.am produzierte und von SchauspielerInnen und SängerInnen interpretierte Musikvideo *Yes we can* erlangt (vgl. will.i.am 2008). Darüber hinaus wurden kreative Produktionen von Fans (»Fan Art«) fotografisch dokumentiert und als Ausdruck des Zuspruchs in die Kampagne eingebunden.

Auch Alexander Van der Bellen setzte auf die prominente Inszenierung seiner UnterstützerInnen. Ein Komitee aus Persönlichkeiten unterschiedlicher gesellschaftlicher Felder (z. B. Kunst, Journalismus, Wissenschaft, Sport) wurde auf der Website sowie in offiziellen Sozialen Netzwerken des Kandidaten präsentiert. Der Spot *Die Zeiten ändern sich!* (vgl. Van der Bellen 2016b) wurde vom österreichischen Liedermacher Hubert von Goisern mit dem Song *Heast as nit* aus dem Jahr 1992 unterstützt. In diesem Video waren unter anderem die Künstlerin Deborah Sengl im Gespräch mit Van der Bellen sowie zahlreiche UnterstützerInnen beim Besuch seines Wahlkampfauftakts zu sehen.

Anhand des Videos lassen sich die Stärken visueller Kommunikation im Wahlkampf besonders gut nachvollziehen. Der kurz vor dem ersten Wahlgang präsentierte Spot zeigte den Kandidaten nicht nur im Austausch mit UnterstützerInnen und potenziellen WählerInnen, sondern vermittelte auch Vorstellungen eines respektvollen Miteinander, eines funktionierenden Gemeinschaftslebens oder einer kleinteiligen, ökologischen Landwirtschaft, ohne diese Themen explizit ansprechen zu müssen.

Im Wahlkampffinale wiederum sorgte die Unterstützung des Liedermachers Rainhard Fendrich für Aufsehen, der seinen populären Song *I am from Austria* aus dem Jahr 1989 für das Video »*I am*

Abbildung 25: Screenshots des Videos »*I am from Austria*« – *Liebe Österreicherinnen und Österreicher* während des österreichischen Bundespräsidentschaftswahlkampfes 2016.

from Austria« – *Liebe Österreicherinnen und Österreicher* (vgl. Van der Bellen 2016c) zur Verfügung stellte. Auch in diesem Video wurde die assoziative Logik visueller Kommunikation genutzt – beispielsweise um unterschiedliche Gruppen von UnterstützerInnen sichtbar zu machen (siehe Abbildung 25).

Besondere Aufmerksamkeit zog das Video der 89-jährigen Holocaust-Überlebenden Gertrude Pressburger auf sich, die Van der Bellen im Wahlkampffinale mit einem eindrücklichen Appell unterstützt hat (vgl. Van der Bellen 2016d; siehe Abbildung 26). Das Video, in dem Pressburger mit Blick auf die eigene Lebensgeschichte vor extremer Rhetorik und Verrohung der Sprache warnt, wurde wenige Tage vor der Stichwahl auf Van der Bellens *Facebook*-Account veröffentlicht und danach circa 4 Millionen Mal aufgerufen. Pressburgers Botschaft wird immer wieder als ausschlaggebend angeführt, dass nicht FPÖ-Kandidat Norbert G. Hofer, sondern Alexander Van der Bellen die Stichwahl gewonnen hat (vgl. etwa Kazim 2018; Münch 2018).

Aber nicht nur die breite Unterstützung des Kandidaten, sondern auch seine Inszenierung als Außenseiter, der gegen ein politisches Establishment antritt und seinem Image als bedächtiger Intellektueller ungeachtet potenziell negativer Assoziationsmöglichkeiten treu bleibt, erinnerte an die Wahlkämpfe Barack Obamas. International haben zahlreiche Kampagnen versucht, inhaltliche und organisatorische Strategien der erfolgreichen Obama-Wahlkämpfe für ihre jeweiligen Zielsetzungen nutzbar zu machen. Nicht alle haben erkannt, dass der Schlüssel zu einer erfolgreichen Kampagne im Stil Obamas nicht in der bloßen Nachahmung von Strategien, sondern in ihrer kontextspezifischen Adaptierung liegt. Denn bei Wahlkämpfen spielen nicht nur aktuelle politische Ereignisse und Themen, sondern auch langfristige Faktoren und Entwicklungen eine wichtige Rolle. Die Konzeption einer Kampagne und die Ausgestaltung ihrer visuellen Erzählwelt hängen wesentlich von der politischen Kultur eines Landes und den damit verbundenen Traditionslinien ab.

Eine besondere Eigenschaft der Obama-Kampagnen, an denen sich Van der Bellen orientiert hat, liegt in der Entwicklung einer Story, die den positiven Zukunftsentwurf einer Hoffnung auf Ver-

Abbildung 26: Screenshot des Video-Statements von Gertrude Pressburger während des österreichischen Bundespräsidentschaftswahlkampfes 2016.

änderung mit der Person und Biografie des Kandidaten verbunden hat. Wie bereits erwähnt, hat Barack Obama sein Politikverständnis bereits vor seiner Kandidatur im Rahmen eines Buches dargelegt. Diesem Beispiel folgte auch Alexander Van der Bellen. Die Geschichte des Protagonisten wurde also bereits vor Beginn der Kampagne präsentiert, um ihn mit seinem biografischen Hintergrund, seinen Eigenschaften, Idealen und Zielen bekannt zu machen. Zu einem Dreh- und Angelpunkt der Erzählung wurde die Familiengeschichte Van der Bellens, die durch die Erfahrung einer Flucht geprägt war, die im Tiroler Kaunertal ein glückliches Ende gefunden hat. Mit seiner Erzählung konnte Van der Bellen 2016 nicht nur an die aktuelle gesellschaftspolitische Herausforderung des Themas Flucht anschließen, sondern den Begriff der Heimat im Sinne der Kampagne mit Bedeutung aufladen.

Der Begriff der Heimat ist in Österreich traditionell mit der *Freiheitlichen Partei Österreichs* (FPÖ) verbunden, wurde aber im Laufe der Zweiten Republik auch von ÖVP und SPÖ politisch besetzt. So präsentierte beispielsweise die ÖVP zum Auftakt des Nationalratswahlkampfes 1994 ein Positionspapier mit dem Titel »Heimat – Raum für eine neue Politik. Verantwortung für das eigene Land« (Breuss et al. 1995, 148). Die SPÖ verteilte im Wahlkampf 1975 am Grenzübergang Tarvis Polster mit der Aufschrift »Zu Hause ist es doch am schönsten« an österreichische UrlauberInnen (ebd., 149). Mitte der 1980er-Jahre hatte die FPÖ unter ihrem neuen Obmann Jörg Haider den Heimatbegriff aber nahezu monopolisiert und zu einem der zentralen Themen der Partei gemacht. Heimat wird von der FPÖ exklusiv verstanden – als etwas, das von außen bedroht wird (wahlweise durch Migration, den Islam, politische MitbewerberInnen oder die Europäische Union) und durch die »Heimatpartei« FPÖ geschützt werden muss. Als Begriff war Heimat kontinuierlicher Bestandteil von FPÖ-Wahlkampfslogans auf Landes- und Bundesebene sowie für Europaparlamentswahlen. Auf der visuellen Ebene wurde Heimat über Bezugnahmen auf die österreichische Landschaft bzw. mit symbolisch besetzten Gebäuden – wie beispielsweise dem Wiener Stephansdom – hergestellt. Folgerichtig setzte auch das Wahlkampfteam Norbert G. Hofers in der ersten Runde der Bundespräsidentschaftswahl 2016 auf den Slogan »Deine Heimat braucht dich jetzt!« (vgl. Liebhart/Bernhardt 2019, 186–188).

Alexander Van der Bellens Team gelang es, den Begriff erfolgreich anzueignen und ihn zum Dreh- und Angelpunkt einer Kampagnenerzählung zu machen. Aufgrund ihrer wiederkehrenden Verwendung im Rahmen der Wahlkampfkommunikation, aber auch aufgrund ihrer Reichweite, die sich unter anderem an der generierten medialen Anschlusskommunikation bemessen lässt, kann die Heimat-Story als erfolgreichste Erzählung des Bundespräsidentschaftswahlkampfes 2016 beschrieben werden (Liebhart/Bernhardt 2019, 189; Bernhardt/Liebhart 2020).

Das Tiroler Kaunertal, in dem die Familie Van der Bellen eine neue Heimat gefunden hat, wird dabei zu einem wiederkehrenden Referenzpunkt. Es wird nicht nur als biografischer Anker verwendet, sondern auch als Setting für Kampagnen-Bildmaterial (z. B. als Hintergrund für Plakate), als Schauplatz für Kampagnen-Aktivitäten (z. B. eine Wanderung mit UnterstützerInnen und JournalistInnen) oder als Vehikel für Kampagnen-Botschaften (z. B. »Heimat braucht Zusammenhalt«). Die Heimat-Story kann dabei als integrative Erzählung verstanden werden, die eine gesellschaftspolitische Vision anstelle eines territorial markierten Konzepts forciert. Als visuelle Erzählwelt speist sie sich aus verschiedenen Bildern – wie beispielsweise privaten Kindheits- oder Familienfotos oder Bildern aus der österreichischen Tourismuswerbung. Zahlreiche Throwback-Fotos auf *Instagram*, die Van der Bellen mit Familienmitgliedern in den Bergen zeigen (siehe z. B. Abbildung 27), sowie Fotos mit seiner Gattin während des Bundespräsidentschaftswahlkampfes 2016 (siehe z. B. Abbildung 28) zeugen von einer lebenslangen Leidenschaft für das Wandern.

Wandern ist für den ehemaligen Politiker der *Grünen* eine naturnahe Freizeitbeschäftigung, die auch nach dem erfolgreichen Wahlkampf von 2016 Möglichkeiten für die Vermittlung politischer Deutungsangebote bietet. Dies zeigt sich in mehreren im Laufe seiner Amtszeit auf *Facebook* und *Instagram* geposteten Fotos und Videos von Wanderungen mit Jugendlichen, Mitgliedern von Alpenverein und Naturfreunden, privaten und politischen WeggefährtInnen oder Prominenten, wie beispielsweise dem Musiker Hubert von Goisern.

Die zentrale Rolle der Landschaft hat in der politischen Ikonografie Österreichs Tradition. Österreichische PolitikerInnen wissen, dass vor allem der Schauplatz der alpinen Landschaft tief im nationalen Bewusstsein der ÖsterreicherInnen (vgl. Breuss et al. 1995, 176–180; Kos 2005) sowie in politischen Traditionen und in der politischen Kultur des Landes verankert ist. Die Schönheit der Landschaft zählt nicht nur zu den touristischen Vorzügen Österreichs, sondern seit Jahrzehnten auch zu jenen Aspekten, auf die ÖsterreicherInnen laut Umfragen besonders stolz sind (Haller 2019). Der Rückgriff auf den Landschafts-Topos bedient ein zentrales identitätsstiftendes Element und ist daher häufig Bestandteil von Wahlkampagnen (vgl. Bernhardt et al. 2009, 65f.).

Auch als amtierender Bundespräsident greift Alexander Van der Bellen immer wieder auf eine visuelle Selbstinszenierung in alpiner Landschaft zurück. Im August 2019 veröffentlichte er auf seinem offiziellen *Facebook*-Account ein Foto, das ihn während

Abbildung 27: *Instagram*-Eintrag des Kandidaten Alexander Van der Bellen (@vanderbellen) während des österreichischen Bundespräsidentschaftswahlkampfes 2016.

Abbildung 28: *Instagram*-Eintrag des Kandidaten Alexander Van der Bellen (@vanderbellen) während des österreichischen Bundespräsidentschaftswahlkampfes 2016.

seines Urlaubs beim Wandern zeigt, und versah es mit dem Kommentar »Meine Lieblingswanderung: von der Aifner Alm nach Falkauns. #schönesösterreich (vdb)« (siehe Abbildung 29).

Breaking News sehen anders aus: Der *Facebook*-Eintrag verweist weder auf ein politisch bedeutsames Ereignis, noch auf ein glamouröses gesellschaftliches Event. Obwohl es zahlreiche Wanderfotos auf den Social-Media-Accounts des Bundespräsidenten gibt, erhielt dieser Eintrag nicht nur knapp 6.600 Likes, sondern auch viele Sympathiebekundungen und zustimmende Kommentare zu Van der Bellens Amtsführung sowie Anerkennung für seine Aktivität, Fitness und Energie (privat und im Amt). Zahlreiche Kommentare nahmen explizit oder implizit Bezug auf den Hashtag #schönesösterreich. Als »Bild der Woche« schaffte es das Foto acht Tage später sogar auf eine Doppelseite der Sonntagsbeilage von Österreichs auflagenstärkster Tageszeitung – mit der anerkennenden Betextung »Der grüne Van der Bellen (75) erwandert die Natur [...] Ganz schön fit. Dafür gibt es auch von uns ein Like« (Kronen Zeitung 2019).

Aus Perspektive der visuellen politischen Kommunikationsforschung kann die Verwendung dieses auf *Facebook* geteilten Fotos des Bundespräsidenten in einem etablierten Massenmedium – versehen mit einem neuen und positiven Kommentar – als ein gelungenes Beispiel für Anschlusskommunikation gesehen werden. Der Erfolg politischer Bildstrategien und Stories in Sozialen Netzwerken bemisst sich unter anderem an der Aufmerksamkeit klassischer Medien für die kommunizierte Botschaft (vgl. Bernhardt/Liebhart 2018). Im gegenständlichen Fall ist diese Botschaft vielschichtig und verbindet über die visuelle und textuelle Bezugnahme auf die schöne österreichische Berglandschaft als Klammer politische und alltagskulturelle Verweise zu einem harmonischen Ganzen.

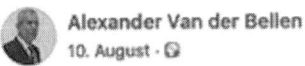

Alexander Van der Bellen
10. August · 🌐   •••

Meine Lieblingswanderung: von der Aifner Alm nach Falkauns.
#schönesösterreich (vdb)

👍❤️ 6.592   118 Kommentare 88 Mal geteilt

Abbildung 29: Screenshot eines *Facebook*-Eintrags des österreichischen
Bundespräsidenten Alexander Van der Bellen am 10. August 2019.

KAPITEL 5
REAKTIONEN AUF WAHLKAMPFBILDER

Elisabeth Köstinger hielt es vermutlich für eine gute Idee: Am 12. September 2018 veröffentlichte die ehemalige österreichische Umweltministerin auf ihrem *Twitter*-Account @ElliKoestinger ein Foto, das sie und zwei ihrer Mitarbeiter bei der Fahrt auf E-Rollern in der Wiener Innenstadt zeigt. Dazu der begleitende Text: »Wir lassen das Auto stehen und fahren mit dem E-Roller zum Ministerrat. Jeder kann einen kleinen Beitrag zum Klimaschutz leisten. #nachhaltigkeit« (Köstinger 2018).

Nur wenige Stunden später verbreitete sich ein Tweet in Reaktion auf Köstingers Beitrag: »Ich finde es gut, dass die Regierungsmitglieder nicht mehr mit dem Auto zum Ministerrat fahren! Jeder kann einen kleinen Beitrag zum Klimaschutz leisten. #nachhaltigkeit« (siehe Abbildung 30). In den Tweet war eine bearbeitete Version des ursprünglichen Fotos eingebettet, auf dem neben der Umweltministerin noch drei weitere Mitglieder der ehemaligen österreichischen Bundesregierung mit ungewöhnlichen Fortbewegungsmitteln zu sehen waren: der ehemalige Verkehrsminister Norbert G. Hofer auf einem Rasenmähertraktor[29], der ehemalige Sportminister und Vizekanzler Heinz-Christian Strache auf einem Pferd und der ehemalige Innenminister Herbert Kickl mit einem Tandem-Fallschirm. Der Tweet nahm damit ironisch auf exzessive visuelle Selbstinszenierungen in der sogenannten türkis-blauen

---

29   Norbert G. Hofers Selbstinszenierung auf einem Rasenmähertraktor stammt aus seinem Wahlkampf um das Amt des österreichischen Bundespräsidenten 2016 und folgt der von Marion G. Müller (1997, 187ff.) beschriebenen »Common Man«-Strategie, die Bodenständigkeit suggerieren soll. Das Sujet wurde u. a. während des letzten TV-Duells im *Österreichischen Rundfunk* (ORF) auf Hofers *Instagram*-Account gepostet und mit dem folgenden Zitat ergänzt: »Ich fahre mit dem Rasentraktor im Garten und mit dem Puch-Maxi-Moped durch Pinkafeld. Das ist nicht sehr elitär« (Hofer 2016).

David
@davsow

Ich finde es gut, dass die Regierungsmitglieder nicht mehr mit dem Auto zum Ministerrat fahren! Jeder kann einen kleinen Beitrag zum Klimaschutz leisten. #nachhaltigkeit

3:01 nachm. · 12. Sep. 2018 · Tweetbot for Mac

37 Retweets   **202** „Gefällt mir"-Angaben

Abbildung 30: Screenshot eines Tweets des Users Davsow (@davsow) am 12. September 2018.

Koalition zwischen *Österreichischer Volkspartei* (ÖVP) und *Freiheitlicher Partei Österreichs* (FPÖ) sowie auf eine fehlende Glaubwürdigkeit dieser Inszenierungsformen Bezug.

PolitikerInnen nutzen Fotos, um Deutungsangebote zu unterschiedlichen Themenbereichen (wie beispielsweise Klimaschutz) zu machen. Das heißt aber nicht, dass diese Deutungsangebote von ihrem Publikum auch in der intendierten Form angenommen werden müssen. Wie die ironische Reaktion auf Köstingers Tweet zeigt, kann ein Bild unterschiedliche und bisweilen gegenläufige Interpretationen auslösen. Das liegt am Umstand, dass »Deutung und Bedeutung, Interpretation und Sinn eines Bildes […] *kontextabhängig*« sind (Müller/Geise 2015, 42; Hervorhebung im Original). Ein Bild muss also keineswegs für alle BetrachterInnen das Gleiche bedeuten: »Dem identischen Bildmotiv können intersubjektiv, aber auch interkulturell ganz unterschiedliche, manchmal sogar konträre Bedeutungen zugewiesen werden, abhängig von dem jeweiligen Interpreten, seinem Kenntnisstand, seiner Erfahrung mit ähnlichen Bildmotiven und seiner eigenen kulturellen Prägung« (ebd.). Die beabsichtigten bzw. intendierten Bedeutungen von BildproduzentInnen sind daher von den zugewiesenen bzw. attribuierten Deutungen durch das Publikum zu unterscheiden (vgl. Müller/Geise 2015, 41).

Diese Erfahrung musste auch das Kommunikationsteam des US-Präsidenten Donald J. Trump machen. Im September 2017 wurde ein Foto Trumps mit dem 11-jährigen Jungen Frank Giaccio veröffentlicht, der den Rasen im Garten des Weißen Hauses mäht (siehe Foto in Abbildung 31). Giaccio hatte Trump zuvor einen Brief geschrieben, um ihm seine Dienste bei der Gartenarbeit anzubieten: er wolle es seinem berühmten Vorbild gleichtun und ein Unternehmen aufbauen. Trump lud das Kind daraufhin ins Weiße Haus ein. Bei einer Photo Opportunity im Rosengarten entstand besagtes Foto, das Giaccio konzentriert bei der Arbeit zeigt, während Trump ihm etwas zuzurufen scheint. Das Kommunikationsteam des Weißen Hauses verbreitete das Foto über offizielle Social-Media-Accounts – vermutlich mit der Intention, einen positiven Eindruck zu machen. Tatsächlich verbreitete sich das Foto rasch und motivierte UserInnen zu unterschiedlichen

Jason O. Gilbert ✔
@gilbertjasono

DO YOU WANNA COME RUN WHITE HOUSE COMMUNICATIONS

14:10 - 28. Feb. 2018

9.536 Retweets **39.153** „Gefällt mir"-Angaben

💬 304   🔁 9,5 Tsd.   ♡ 39 Tsd.

Abbildung 31: Screenshot eines Tweets des US-Autors und Komikers Jason O. Gilbert (@gilbertjasono) am 28. Februar 2019.

Reaktionen. Besonders häufig wurde die hohe Personalfluktuation im Weißen Haus mit fiktiven Betextungen thematisiert, die Trump Anwerbeversuche in den Mund legten. So kommentierte beispielsweise der Autor und Komiker Jason O. Gilbert den Abgang der Kommunikationschefin Hope Hicks mit den Worten »DO YOU WANNA COME RUN WHITE HOUSE COMMUNICATIONS« (Gilbert 2018; siehe Abbildung 31). Ein anderer User reagierte auf die Ablöse Rex Tillersons mit der Frage »WOULD YOU LIKE TO BE SECRETARY OF STATE« (Felton 2018). Die Verwendung des Fotos mit variablen Betextungen entwickelte sich zu einem Running Gag auf *Twitter*, der die Personalpolitik der Trump-Administration sowie ein Anwerben von MitarbeiterInnen ohne einschlägige fachliche Kompetenzen ironisch auf die Schaufel nahm und nimmt.

In der Einleitung des Sammelbands *Visual Global Politics* beschreibt der Politikwissenschaftler Roland Bleiker (2018, 5), wie sich die Verwendung politischer Bilder in der digitalen Ära verändert hat. Bleiker erklärt, dass wir gegenwärtig eine Revolution visueller Kommunikation erleben. Damit bezieht er sich auf eine weitgehende Aufhebung der Trennung zwischen SenderInnen und EmpfängerInnen bzw. zwischen ProduzentInnen und KonsumentInnen von Bildern. Die Geschwindigkeit, mit der Bilder heute online zirkulieren, die potenziell globale Reichweite, die sie dabei erzielen können und eine weitgehende Demokratisierung ihrer Herstellung und Bearbeitung durch niederschwellige Technologien (z. B. Smartphones und Apps zur Bildbearbeitung) haben unseren Umgang mit (politischen) Bildern fundamental beeinflusst. Diese Einschätzung teilen auch die Kommunikationswissenschaftlerinnen Marion G. Müller und Stephanie Geise (2015, 46). Das Neue an digitalen Bildern liegt für sie im Aufbrechen vormals voneinander getrennter Bildkontexte der Produktion und Rezeption, wobei die Bilder »dabei aber auch aus ihren ursprünglichen Kontexten und den damit verbundenen intendierten Bedeutungen gelöst« werden (ebd.).

Bei den eingangs erwähnten Fotos der ehemaligen österreichischen Umweltministerin und des US-Präsidenten ist genau das passiert. Der Verbreitung der Fotos auf ihren offiziellen Social-

Media-Accounts lag zunächst die Intention zugrunde, mit den Bildern positive Assoziationen zu wecken: die Umweltministerin steht für nachhaltige und umweltschonende Fortbewegung, während der US-Präsident die unternehmerischen Ambitionen eines Kindes fördert, das ihm nacheifert. In der Aneignung politischer Bilder durch UserInnen Sozialer Netzwerke spielen allerdings immer auch jene Themen eine Rolle, die den Diskurs über eine Person oder ihre Politik zum jeweiligen Zeitpunkt prägen.

Unter der Aneignung von Bildern versteht der Kommunikationswissenschaftler Andreas Hepp (2005, 67) einen »sowohl aktiven als auch kulturell umfassenden kontextualisierten Prozess des ›Sich-zu-Eigen-Machens‹ von Medieninhalten«. Dabei spielen individuelle Faktoren wie Wissen, Erfahrungen und persönliche Präferenzen, aber auch der kulturelle Hintergrund und die gesellschaftliche Positionierung eine wichtige Rolle. Nicht jede Aneignung eines Bildes muss zwingend in einer Bildhandlung – wie einer Bildbearbeitung in Reaktion auf Elisabeth Köstingers Tweet oder einer kommentierenden Bildverbreitung wie im Falle des White House Photos – resultieren. Bildhandlungen sind *»aktive, intendierte Praktiken im Umgang, der Handhabung und Kommunikation mit und durch Bilder«* (Müller / Geise 2015, 82; Hervorhebung im Original).[30] Die zentrale Frage in Bezug auf Bildhandlungen lautet, wie Menschen in ihren alltäglichen, zunehmend medialisierten Kommunikationsprozessen mit Bildern umgehen und was sie mit diesem Angebot machen.

Die Kunsthistorikerin Kerstin Schankweiler, die sich mit Bildprotesten in Sozialen Netzwerken beschäftigt hat, schreibt Bildern für Protestkulturen im Netz eine zentrale Bedeutung zu: Indem UserInnen »mit den Bildern Handlungen vollziehen (liken, weiterleiten, kommentieren, aneignen, bearbeiten et cetera), entfalten die Bildproteste ihre Wirkung« (2019, 21). Bilder sind nicht nur »für die Koordination, die Mobilisierung und Solidarisierung

---

30 Auch bei Bildhandlungen bleiben gemäß des Konzepts der Hybridität nach Andrew Chadwick (2013) traditionelle Praktiken wie beispielsweise das Beschmieren von Plakaten bestehen und werden nicht durch digitale Bildpraktiken zum Verschwinden gebracht (vgl. Kapitel 3, Abschnitt 3.1).

von großen Personengruppen unerlässlich geworden« (ebd., 12), sondern können auch eine »Affektgemeinschaft« (ebd., 60) von Menschen hervorbringen, die sich über Bilder verbunden fühlen.

5.1 MEMES UND VIRALE BILDER

Memes[31] sind nicht nur eine beliebte Form der Alltagskommunikation, sondern auch des Austauschs politischer Inhalte in Sozialen Netzwerken. Sie basieren häufig auf einer humorvollen Kombination markanter Bild- und Textelemente, die von UserInnen geteilt werden (vgl. Shifman 2013, 362). Die Kommunikationswissenschaftlerin Limor Shifman beschreibt Memes in ihrer vielzitierten Definition als »(a) eine Gruppe digitaler Einheiten, die gemeinsame Eigenschaften im Inhalt, in der Form und/oder der Haltung aufweisen, die (b) in bewusster Auseinandersetzung mit anderen Memen erzeugt und (c) von vielen Usern im Internet verbreitet, imitiert und/oder transformiert wurden« (Shifman 2014, 44).[32] Der Aspekt des aktiven Handelns beim Herstellen, Verändern und Teilen gilt als ein zentrales Charakteristikum von Memes (vgl. Ross/Rivers 2018, 286). Ihre Variabilität markiert den wesentlichen Unterschied zu viralen Inhalten, die sich in vielen Kopien verbreiten, dabei aber unverändert bleiben (vgl. Shifman 2014, 56).[33]

31 In der deutschsprachigen Forschung zu diesem Thema wird sowohl die Bezeichnung »Mem« (Plural: »Meme«) als auch die englischsprachige Bezeichnung »Meme« (Plural: »Memes«) verwendet. Die Autorinnen haben sich in diesem Buch für eine Verwendung der englischsprachigen Versionen (»Meme« bzw. »Memes«) entschieden.

32 Ein berühmter Vorläufer des Begriffs stammt vom Evolutionsbiologen Richard Dawkins, der Memes 1976 in einer soziobiologischen Definition als kulturelles Gegenstück zu Genen beschrieben hat.

33 Ob Inhalte viralen oder memetischen Erfolg haben, wird von unterschiedlichen Faktoren beeinflusst. Limor Shifman (2014, 64) nennt sechs Faktoren, die die Viralität von Inhalten fördern können: Positivität, Provokation, Partizipation, Packaging, Prestige und Positionierung. Memetischer Erfolg wiederum wird laut Shifman durch die Präsentation gewöhnlicher Menschen, brüchiger Männlichkeit, Humor, Einfachheit, Wiederholung sowie Skurrilität von Inhalten beeinflusst (vgl. ebd., 72f.). Zwar umfassen nicht

Memes können unterschiedlichste Erscheinungsformen annehmen. Ihre häufigste ist das sogenannte »Image Macro«, das ein statisches Bildelement mit fett gedrucktem Text kombiniert. Darüber hinaus können auch Fotos, GIFs, Kurzvideos oder Hashtags memetische Verbreitung finden. Bei der Gestaltung von Memes greifen UserInnen auf eine breite Palette an Ausdrucksmitteln zurück. In politischen Wahlkämpfen sind das vor allem die Bearbeitung von Kampagnenbildern durch den Einsatz sogenannter Meme-Generatoren (z. B. plakatgenerator.com), die Übernahme bereits bestehender Memes für aktuelle Themen und Ereignisse oder die eigenständige Gestaltung von Bildmaterial und Slogans. Mit Memes lässt sich eine »Zugehörigkeit zu Communitys und Wertegemeinschaften« (Lobinger et al. 2019, 85) ausdrücken. Dazu ist ein »spezifisches Meme-Wissen« erforderlich, das plattformspezifisch variieren und »eigene ästhetische Präferenzen, Humorvorstellungen und Interaktionsregeln« voraussetzen kann (ebd.). Besonders witzige oder viral verbreitete Memes werden häufig auch in die Anschlusskommunikation etablierter Massenmedien übernommen (z. B. in Rubriken wie »So lacht das Netz über…«). Als »unverkennbarer Teil des anarchischen Internet-Humors« (Rauscher 2018, 204) sind Memes zu unübersehbaren Bestandteilen im politischen Aktivismus, in Protestbewegungen oder in Wahlkämpfen geworden (vgl. Mina 2019) und sind aufgrund ihrer Funktionsweise und Ästhetik besonders geeignet, »als Protestplakate von heute zu fungieren« (Schankweiler 2019, 51).

Entsprechend dynamisch entwickelt sich auch die wissenschaftliche Forschung zu diesem Themenfeld, die Memes als eine Möglichkeit zur niederschwelligen Teilnahme an politischen Online-Diskursen thematisiert (für einen Überblick vgl. z. B. Johann/Bülow 2019). Die Hemmschwelle zur Teilnahme wird durch mehrere Faktoren gesenkt: (1) die Möglichkeit zur humorvollen Artikulation, (2) die relativ einfache Zugänglichkeit (Ross/Rivers 2018, 288) und (3) die Möglichkeit zur anonymen

---

alle memetischen Inhalte sämtliche Attribute, doch die erfolgreichsten kombinieren mehrere Faktoren (vgl. ebd., 82).

Produktion und Verbreitung von Memes (ebd., 293). Damit ermöglichen Memes das Einbeziehen von Meinungen und Stimmen, die sich eher am Rande oder außerhalb des öffentlichen Diskurses bewegen sowie ein Abbilden von Diskussionen abseits der massenmedialen Berichterstattung oder der strategischen Kommunikation der Spitzenpolitik (vgl. Seiffert-Brockmann/Diehl/Dobusch 2018, 2876). Obwohl Memes eine beliebte Möglichkeit der Teilnahme an politischen Online-Diskursen darstellen, muss ihre Herstellung und Verbreitung nicht zwingend einer politischen Motivation folgen, sondern kann auch spielerischen Charakter haben (vgl. ebd., 2865).

Die Absicht vieler Memes ist es, einen bestimmten Standpunkt oder eine Idee zum Ausdruck zu bringen – oft unter Verwendung von Ironie, Parodie oder Sarkasmus (vgl. Ross/Rivers 2018, 287).[34] Eine zentrale Funktion politischer Memes liegt daher in der Delegitimierung einer Person, einer Idee oder einer Position (vgl. ebd., 289). Das heißt, dass Memes in politischen Diskussionen häufiger zum Spott als zur Unterstützung verwendet werden.

Als relativ gut erforscht gilt die Verwendung von Memes im US-Präsidentschaftswahlkampf 2016 zwischen Hillary Clinton und Donald Trump (vgl. etwa Heiskanen 2017; Ross/Rivers 2017; 2018): »[M]emes from far-right Trump supporters effectively framed media conversations about the election, with ethno-nationalist talking points taking center stage in traditional media outlets. That may not have been the Trump campaign's plan, but there's no doubt that these memes funneled attention in Trump's direction« (Hahner/Woods 2020).

Auch im österreichischen Bundespräsidentschaftswahlkampf 2016 waren Memes eine beliebte Möglichkeit der Teilnahme am politischen Online-Diskurs. Eine deutliche Zunahme ihrer Verbreitung war nach Bekanntgabe der Ergebnisse der Stichwahl am 23. Mai 2016, nach der Aufhebung der Stichwahl durch den Verfassungsgerichtshof am 1. Juli 2016, anlässlich des letzten TV-Du-

---

34 Ein aktuelles Beispiel aus Österreich ist der *Instagram*-Account »Ibiza Memes« (@ibiza_austrian_memes), der u. a. innenpolitische Themen im Kontext des Ibiza-Skandals aufgreift.

ells zwischen Alexander Van der Bellen und Norbert G. Hofer am 1. Dezember 2016 sowie nach dem finalen Wahlgang am 4. Dezember 2016 zu verzeichnen. Gerade in Wahlkämpfen konzentriert sich die Teilnahme an politischen Diskursen durch Memes also auf bestimmte Zeitpunkte.

Einzelne Bilder wurden besonders häufig verwendet. Das liegt einerseits an der bereits erwähnten einfachen Nutzbarkeit von Meme-Generatoren, mit denen Sujets bearbeitet werden können, und andererseits an der Viralität einzelner Bilder, wie beispielsweise eines Fotos, das Alexander Van der Bellen mit Zigarette und Weinglas auf einer Wiese liegend zeigte.

Im Zuge ihrer memetischen Verwendung lässt sich die Deutungsoffenheit von Bildern besonders gut nachvollziehen (vgl. Bernhardt 2020; Lobinger et al. 2019). Wiederkehrende visuelle Elemente können unterschiedlich kontextualisiert und damit für unterschiedliche Botschaften verwendet werden. So wird Alexander Van der Bellen beispielsweise in zahlreichen Memes als Raucher gezeigt. Das Rauchen wird unterschiedlich bewertet und wahlweise als Laster und Indiz für einen ungesunden Lebensstil oder als Indiz für eine besondere Coolness des Kandidaten gewertet.

Bei der Produktion von Memes in politischen Wahlkämpfen wird häufig auf die KandidatInnen, ihre Kampagnen sowie auf das Wahlergebnis Bezug genommen. Solche Bezugnahmen können in delegitimierender oder in unterstützender Form erfolgen. Im Bundespräsidentschaftswahlkampf 2016 erfolgten Versuche der Delegitimierung des Kandidaten Alexander Van der Bellen über die Thematisierung einer vermeintlich fehlenden parteipolitischen Unabhängigkeit von den *Grünen*, über die Thematisierung persönlicher Laster (wie beispielsweise des Rauchens) oder über die Thematisierung seiner Alters (Van der Bellen war während des Wahlkampfes 72 Jahre alt), um ihn als nicht amtsfit darzustellen. Bei seinem Gegenkandidaten Norbert G. Hofer wurde dessen Mitgliedschaft in der Burschenschaft *Marko-Germania* thematisiert bzw. erfolgten Zuschreibungen charakterlicher Eigenschaften (z. B. Hofer sei ein schlechter Verlierer oder sage nicht die Wahrheit). Besonders häufig wurde ein Zitat wiederholt, das Hofer im Rahmen einer TV-Konfrontation getätigt hatte und das weithin als Drohung für den Fall interpretiert wurde, dass Hofer als Gewinner aus der Wahl hervorgehen könnte: »Sie werden sich wundern, was alles gehen wird« (vgl. Bartlau 2016).

Eine Delegitimierung der Wahlkampagnen erfolgte in beiden Fällen durch eine Verächtlichmachung einzelner Kampagnenbilder und -slogans, während sich eine Delegitimierung des Wahlprozesses bzw. des -ergebnisses im Unterstellen manipulativer Praktiken oder im Ausdruck des Missfallens über den Wahlausgang erkenntlich machte.

Eine Unterstützung der Kandidaten erfolgte in beiden Fällen über eine Thematisierung persönlicher Eigenschaften oder spezifischer Kompetenzen, die den jeweiligen Kandidaten als besonders qualifiziert für das angestrebte Amt ausweisen sollten. Eine Unterstützung der Kampagnen wiederum erfolgte durch das ironische Aufgreifen und Verbreiten von Kampagnenbildern und -slogans, die den unterstützten Kandidaten positiv von seinem Kontrahenten abgrenzen sollten (z. B. »Biosaft statt Burschenschaft«). Eine Unterstützung des Wahlprozederes schließlich äußerte sich vor allem in Durchhalteparolen, die den ungewöhnlich langen Wahlkampf in ironischer Weise kommentierten.

Im US-Präsidentschaftswahlkampf 2020 wurde der Vorwahlkandidat Bernie Sanders im Jänner 2020 von der *Facebook*-Memegruppe *New Urbanist Memes for Transit-Oriented Teens* (NUMTOT) unterstützt (vgl. Hahner/Woods 2020). Dass Sanders dieses Endorsement durchaus ernst nahm und sich dafür bedankte, liegt an der Relevanz, die Memes mittlerweile in Wahlkämpfen zugeschrieben wird: »Not only can memes seed talking points to campaigns, but they also give candidates a window into the issues that are important to subsets of voters. Memes have become a way for political groups to coordinate and act collectively, and guerrilla imagery has become a key component of electioneering« (Hahner/Woods 2020).

Freiheitliche Jugend
24. Juli 2019 · 🌐

Wer aus religiösen Gründen kein Schweinefleisch isst, soll es bleiben lassen. Aber wir werden es nicht dulden, dass unsere Kinder deshalb zu einem Verzicht von Schweinefleisch gezwungen werden.

Abbildung 32: Screenshot eines *Facebook*-Eintrags der Freiheitlichen Jugend am 24. Juli 2019.

5.2 Bearbeitungen und irreführende Kontexte

In Sozialen Netzwerken sind PolitikerInnen bzw. deren Teams mit einem zunehmend kritischen und bildkompetenten Publikum konfrontiert, das nicht nur die Produktionskontexte von Bildern hinterfragt (vgl. Kapitel 1, Abschnitt 1.2), sondern auch damit verbundene intendierte Deutungsangebote. Wenn es um die Glaubwürdigkeit der Politik geht, machen UserInnen den Faktencheck.

Diese Erfahrung machte das Social-Media-Team des Vorarlberger Landeshauptmanns Markus Wallner im April 2018. Wallner hatte sich mit dem österreichischen Bundeskanzler und ÖVP-Parteivorsitzenden Sebastian Kurz zu einem Mittagessen getroffen. Ein Foto dieses Treffens in einem Dornbirner Gasthaus wurde später auf Wallners *Facebook*-Seite gepostet. An der Wand des Lokals direkt hinter Sebastian Kurz war das Bild einer Zigarrenraucherin zu sehen, das bei Wallners Social-Media-Team offenbar für Irritationen sorgte. Also wurde das Foto von der *Facebook*-Seite entfernt und noch einmal in veränderter Form – diesmal mit einer pittoresken Landschaftsaufnahme im Rücken des Bundeskanzlers – gepostet (vgl. Rauch 2018).

Aufmerksame *Facebook*-UserInnen bemerkten die nachträgliche Veränderung des Fotos und stellten den »Photoshop Fail« in Sozialen Netzwerken zur Diskussion. Vor allem auf *Twitter* machten sich zahlreiche UserInnen unter den Hashtags #RetouchierenWieKurz und #BastiShop über die Bearbeitung lustig, indem sie das Wandbild durch andere Motive ersetzten. Unter den Bearbeitungen fanden sich beispielsweise ein Jugendfoto Heinz-Christian Straches in Wehrsportuniform, ein Foto des ehemaligen ÖVP-Parteichefs Reinhold Mitterlehner in einem Pool, ein Porträtfoto des ehemaligen ÖVP-Kanzlers Wolfgang Schüssel, ein Gemälde des Ständestaat-Diktators Engelbert Dollfuß oder das Foto eines unter der Bezeichnung »Geilomobil« bekannt gewordenen Fahrzeugs, auf dessen Motorhaube Sebastian Kurz als Jungpolitiker und Bundesobmann der Jungen Volkspartei im Wiener Gemeinderatswahlkampf 2010 zu sehen war.

Durch die Markierung mit dem Hashtag #RetouchierenWieKurz wiesen UserInnen dem ÖVP-Parteichef nicht nur Verantwortung für die ursprüngliche Bildbearbeitung zu, sondern brachten durch ihre Bearbeitung weitere, für die Partei unangenehme Themen aufs Tapet. Die Bearbeitungen machten in subversiver Form darauf aufmerksam, dass sich die notwendige Auseinandersetzung mit der eigenen Parteigeschichte (oder der des Koalitionspartners) sowie damit verbundene Konflikte nicht einfach zum Verschwinden bringen lassen.[35]

Nicht nur die Bearbeitung von Bildern in sinnverändernder Art und Weise kann sich für PolitikerInnen als problematisch erweisen, sondern auch ihre irreführende Verwendung in falschen Zusammenhängen. Am 15. April 2018 veröffentlichte Sarah Huckabee Sanders in ihrer damaligen Funktion als Pressesprecherin des Weißen Hauses auf ihrem *Twitter*-Account @PressSec[36] ein Foto, das eine Beratungssituation im sogenannten Situation Room des Weißen Hauses zeigt. Dazu der Text: »Last night the President put our adversaries on notice: when he draws a red line he enforces it. (Inside the Situation Room as President is briefed on Syria – Official WH photos by Shealah Craighead)« (Sanders 2018a).

Der Tweet bezog sich auf einen gemeinsamen Angriff der USA, Großbritanniens und Frankreichs auf ausgewählte Stellungen in Syrien in Reaktion auf einen mutmaßlichen Giftgaseinsatz in der syrischen Stadt Duma. Das in den Tweet eingebettete Foto zog Aufmerksamkeit und Kritik auf sich, weil es neben Donald J. Trump auch den US-Vizepräsidenten Mike Pence zeigte, der sich zum angegebenen Zeitpunkt – »last night« – nicht in den USA, sondern in Peru aufgehalten hatte. Sanders musste ihre irreführenden An-

---

35   Mit Urteil vom 22. April 2020 hat der Oberste Gerichtshof der Republik Österreich (OGH) urheberrechtliche Ansprüche im Zusammenhang mit Berichten über dieses retuschierte Bild des österreichischen Bundeskanzlers mit der Begründung zurückgewiesen, eine nur verbale Beschreibung der Retusche habe nicht denselben Aussagewert. Eine Belegfunktion des Zitats sei daher gegeben (Az.: 4 Ob 16/20m). In Abwägung der Interessen Urheberrecht versus freie Meinungsäußerung entschied der OGH zugunsten der freien Meinungsäußerung (vgl. Institut für Urheber- und Medienrecht 2020).

36   Der Account @PressSec wurde im Juli 2019 von Stephanie Grisham und im April 2020 von Kayleigh McEnany, der aktuellen Pressesprecherin des Weißen Hauses, übernommen.

gaben mit einem weiteren Tweet relativieren: »As I said, the President put our adversaries on notice that he enforces red lines with the strike in Syria Friday night. The photo was taken Thursday in the Situation Room during Syria briefing« (Sanders 2018b). Zu diesem Zeitpunkt hatte das Foto aber nicht nur für Diskussionen in Sozialen Netzwerken gesorgt, sondern auch breite Anschlusskommunikation in etablierten Massenmedien ausgelöst.

Die Beispiele zeigen, dass UserInnen in Sozialen Netzwerken den strategischen Bildeinsatz der Politik mitunter sehr genau beobachten und auf kommunikative Fehlleistungen durch Bildbearbeitungen oder irreführende Kontextualisierungen, die die Glaubwürdigkeit von PolitikerInnen und ihren Teams in Frage stellen, unmittelbar mit Kommentaren oder User-Generated-Content reagieren.

5.3 Stockfoto Fails

Wenn Bilder für eine politische Kampagne nicht selbst produziert, sondern über eine Agentur angekauft werden, ist von Stockfotos die Rede (nach dem englischen Wort »Stock« für »Vorrat« oder »Bestand«). Dabei handelt es sich um auf Vorrat produziertes Bildmaterial, das für unterschiedliche Verwendungsmöglichkeiten (z. B. für die Gestaltung von Plakaten, Websites oder »Shareables« für Soziale Netzwerke) erworben werden kann: »Ein Fotograf macht Aufnahmen zu einem Thema, zum Beispiel Wahlen, obwohl gerade gar keine Wahl stattfindet. Er fotografiert ein Symbol für Wahlen, etwa eine Wahlurne oder ein Model, das so tut, als wählte es gerade. Große Bildagenturen stellen diese Fotos ins Internet. [...] So entstehen riesige Datenbanken mit Fotos zu nahezu jedem Thema. Sie funktionieren wie Supermärkte: Die Regale sind voll, jeder nimmt, was er haben will, und zahlt an der Kasse« (Haupt 2019).

In der politischen Kommunikation kann der Einsatz von Stockfotos mitunter zu Problemen führen – etwa dann, wenn die Ästhetik des Stockmaterials nicht zur Kampagne und ihrer intendierten Botschaft passt oder wenn ein und dasselbe Motiv von unterschiedlichen Parteien erworben wird. In Wahlwerbespots zur deutschen Bundestagswahl 2013 verwendeten sowohl die *Freie Demokratische Partei* (FDP) als auch die rechtsextreme *Nationaldemokratische Partei Deutschlands* (NPD) dieselbe Filmsequenz einer Kleinfamilie, die durch eine sommerliche Allee radelt (vgl. König 2013). Probleme können sich auch dann ergeben, wenn der Produktionskontext des Bildmaterials nicht zu seinem Verwendungszusammenhang passt. Im Rahmen seiner US-Präsidentschaftskampagne twitterte Donald J. Trump ein Foto von Soldaten, das von einer US-Flagge überlagert wird, und forderte: »We need real leadership. We need results. Let's put the U. S. back into business!« Wie sich herausstellen sollte, waren die Soldaten allerdings keine Amerikaner, sondern Deutsche (vgl. Levine/McGonigal 2016).

Als besonders problematisch können sich Stockfotos erweisen, die ein vereinfachtes und klischeehaftes Zerrbild eines Themas vermitteln und im Zeitverlauf sowie durch eine häufige Verwendung zu einem Stereotyp werden (z. B. ein »Hacker« mit Handschuhen und Skimaske, der vor einem Bildschirm sitzt).

Das Auffinden, Diskutieren und Ironisieren besonders skurriler Stockfotos bzw. ihrer Verwendungen ist zu einer beliebten Unterhaltung in Sozialen Netzwerken geworden (z. B. unter dem Hashtag #BadStockPhotosOfMyJob).

Im Juli 2019 teilte Maximilian Krauss, Bundesobmann des *Rings Freiheitlicher Jugend* (RFJ), einen Eintrag auf *Facebook*, in dem er forderte: »Jedes Kind soll in den Genuss eines Schnitzels kommen dürfen« (vgl. Freiheitliche Jugend 2019; siehe Abbildung 32). Der Eintrag zeigte besagtes Zitat, ein Halbporträt des FPÖ-Politikers sowie einen gut gefüllten Teller, auf dem allerdings kein Schnitzel, sondern ein paniertes Fischfilet zu sehen war. Es handelte sich um das Stockfoto »Fischgericht«, das bei der Plattform *Depositphotos* (depositphotos.com) angeboten wird.

Dieser Fehler unterlief der FPÖ nicht zum ersten Mal. Bereits 2018 hatte der ehemalige FPÖ-Bundesrat Michael Raml ein Fisch-Sujet mit dem Text »Die EU kann mir mein knuspriges Schnitzel nicht verbieten« gepostet. In beiden Fällen nutzte die FPÖ die vermeintlichen Schnitzelfotos für ihre politische Agenda: Während Raml auf eine EU-Regelung zur Reduzierung krebserregender Stoffe beim Frittieren von Pommes frites (und nicht von Schnitzel) angespielt hatte, reagierte Krauss auf die (aufgrund heftiger Diskussionen rasch revidierte) Entscheidung zweier Leipziger Kindertagesstätten, aus Rücksicht auf muslimische Kinder keine Gerichte mit Schweinefleisch anzubieten. Die FPÖ-Jugendorganisation nahm in ihrem *Facebook*-Eintrag dezidiert auf diese Entscheidung Bezug: »Wer aus religiösen Gründen kein Schweinefleisch isst, soll es bleiben lassen. Aber wir werden es nicht dulden, dass unsere Kinder deshalb zu einem Verzicht von Schweinefleisch gezwungen werden«. Der Stockfoto Fail der FPÖ löste nicht nur eine Flut an Kommentaren in Sozialen Netzwerken aus, sondern generierte auch Anschlusskommunikation in klassischen Medien. Laut Adrian Zerlauth, der sich in einem ausführlichen Beitrag für *Vorarlberg Online* mit der »FPÖ-Peinlichkeit in Panade« (Zerlauth 2019) beschäftigt hat, wurde der Stockfoto Fail einmal mehr von einem *Twitter*-User aufgedeckt. Unter dem Titel »So lacht das Netz über den Schnitzel-Faux-Pas« sammelten unter anderem die *Oberösterreichischen Nachrichten* ironische Reaktionen der »Online-Community« (vgl. nachrichten.at 2019).

MACHT DER WAHLKAMPFBILDER?
EIN AUSBLICK

Wie steht es nun um die Macht der Bilder in Wahlkämpfen? Die Zunahme ihrer Menge und die Aufmerksamkeit, die einzelne Bilder und Videos in Sozialen Netzwerken und etablierten Massenmedien auf sich ziehen, legen ihre Macht zumindest nahe. Damit ist die Vorstellung verbunden, dass Bilder einen Wahlkampf (sowie auch jede andere Form politischer Kommunikation) maßgeblich positiv oder negativ beeinflussen können. Das liegt vor allem an den folgenden Aspekten:

–   Bildern kommt in der politischen Kommunikation die Funktion der *Sichtbarmachung* von Personen, Ereignissen, Themen und Prozessen sowie der *Aktivierung von Vorstellungen* zu. Aufgrund der engen Verbindung von Abbildern und Denkbildern – wahrgenommene materielle Bilder verweisen stets auf immaterielle, mentale Bilder – kann die Wiederholung und Akzentuierung von Bildmotiven zur Vermittlung von Eindrücken und zum Aufbau und Management von Images sowie zur Themensetzung und Beeinflussung medialer Berichterstattung genutzt werden (vgl. Kapitel 2, Abschnitt 2.4). Die besonderen Wirkungspotenziale und vielfältigen Funktionen von Bildern machen sie für die effektive Gestaltung politischer Botschaften interessant. Bilder können aufgrund ihrer assoziativen Logik Inhalte vermitteln, die verbal nicht so gut kommunizierbar sind (vgl. Kapitel 1, Abschnitt 1.3). Durch die gezielte Auswahl, Betextung und Verbreitung von Bildmaterial über offizielle Websites und Social-Media-Kanäle kuratieren SpitzenpolitikerInnen und ihre PR-Teams eine öffentliche Persona im Sinne strategischer visueller Selbstinszenierung (vgl. Kapitel 2, Abschnitt 2.1). Gerade Soziale Netzwerke haben die Möglichkeiten visueller Selbstinszenierung in den letzten Jahren signifikant erweitert. Wenngleich keine generalisierbare

Anleitung zur visuellen Gestaltung einer politischen Kampagne existiert, sollte die Bildproduktion und -auswahl geplant und mit den Zielen und korrespondierenden Erzählungen der Kampagne in Einklang gebracht werden.

– Bilder können in der politischen Kommunikation und ganz besonders unter den Bedingungen einer gesteigerten öffentlichen Aufmerksamkeit im Wahlkampf zu *Schlüssel- und Referenzbildern* werden, die den Fokus auf und die Erinnerung an ein bestimmtes Thema oder Ereignis in eindrücklicher Form bündeln (vgl. Kapitel 2, Abschnitt 2.2). Denn markante Ereignisse sind in der Erinnerung oft an einzelne Bilder gekoppelt. Durch häufige Wiederholungen können sich Bilddeutungen verfestigen und für PolitikerInnen und Kampagnen sowohl erwünschte als auch unerwünschte Effekte zeitigen. In beiden Fällen ist es nicht möglich, Bilder argumentativ zu entkräften, sondern nur mit alternativen Bildern darauf zu reagieren (vgl. Kapitel 1, Abschnitt 1.3).

– Bilder können Menschen zu »*Affektgemeinschaften*« (Schankweiler 2019, 60) verbinden. Vor allem in Sozialen Netzwerken reagieren sie dabei unmittelbar auf unvorteilhafte Bilder, missglückte Bildbearbeitungen, unpassenden Einsatz von Stockfotos oder falsche Kontextualisierungen der strategischen politischen Kommunikation (vgl. Kapitel 5, Abschnitte 5.1 bis 5.3). Die Deutungsangebote strategischer politischer Kommunikation werden von ihrem Publikum nicht immer in der gewünschten Weise aufgenommen. In Sozialen Netzwerken sind ironische Aneignungen und Kommentierungen politischer Bilder zu einer Form der Alltagskommunikation geworden. Die virale Verbreitung von Bildern ist ebenso Bestandteil dieser Alltagskommunikation wie das Herstellen, Verändern oder Teilen von Memes. Soziale Netzwerke sollten daher nicht nur als Übertragungsplattformen, sondern als Communities verstanden werden (vgl. Shifman 2014, 74), die eigenen Regeln und Interaktionsmustern folgen. Dies gilt für kritische Reaktionen der NutzerInnen ebenso wie für affirmative. Gerade in der Partizipationskultur Sozialer Netzwerke ist es sinnvoll, Bildhandlungen und memetische

Praktiken von UserInnen zu verstehen, um mehr über vorherrschende Diskurse zu PolitikerInnen, ihren Themen und Zielen herauszufinden. Memes lassen sich dabei nicht nur als Genre verstehen, über das UserInnen Meinungen und Positionen zum Ausdruck bringen, sondern auch als Möglichkeit für Kampagnen, Inhalte in anschlussfähiger Form zu vermitteln (vgl. Kapitel 5, Abschnitt 5.1).

Nicht nur im Wahlkampf lässt sich einer Macht der Bilder mit dem Wissen begegnen, dass sie uns immer nur einen eingeschränkten Blick auf Politik ermöglichen. Dieser Blick ist von unseren persönlichen Erfahrungen, unserem Wissen und unserer politischen Positionierung geprägt – und zeigt *einen* Ausschnitt der Wirklichkeit. Es ist daher sinnvoll, sich nicht von einer zugeschriebenen Macht der Bilder irritieren zu lassen, sondern die kontextuell spezifischen Formen ihrer Verwendung, Aneignung und damit verbundene Wirkungspotenziale genauer unter die Lupe zu nehmen.

Wie könnte die Verwendung von Bildmaterial in Wahlkämpfen in der nahen Zukunft aussehen? Ein Blick auf Kampagnen der letzten Jahre legt die Vermutung nahe, dass sich beobachtbare Entwicklungen fortsetzen und tendenziell verstärken werden.

Das betrifft zunächst die Professionalisierung des Einsatzes von Bildmaterial im Rahmen vernetzter Kampagnen, die Online- und Offline-Kommunikation bei der inhaltlichen und organisatorischen Gestaltung miteinander verbinden. Dieser Prozess umfasst sowohl die Herstellung von Bildmaterial durch offizielle FotografInnen, GrafikerInnen und PR-Teams von SpitzenpolitikerInnen, als auch die Auswahl, Autorisierung und Verbreitung des Bildmaterials über Soziale Netzwerke und Websites von Kampagnen oder als Handout Photos für Nachrichtenagenturen und etablierte Massenmedien. Die Herstellung visueller Inhalte für *Instagram*, *Facebook*, *Twitter*, *YouTube* und Co wird sich in Zukunft noch stärker an den technischen Möglichkeiten dieser Plattformen sowie an ihren je spezifischen ästhetischen Ausdrucksformen, Konventionen und Zielgruppen orientieren. Bilder dürften in der strategischen Kommunikation der Spitzenpolitik künftig tendenziell seltener für die Mehrfachnutzung auf unterschiedlichen Plattformen oder Websites produziert werden. Generalisierende Aussagen über die Ausgestaltung eines Social-

Media-Wahlkampfes auf Basis einzelner Accounts sind schon jetzt nicht sinnvoll – und werden es in Zukunft noch weniger sein. So stellt beispielsweise *Facebook*-Werbung nur einen Aspekt einer politischen Kampagne dar. Ihre Analyse zeigt daher nicht unbedingt mehr, als welche Botschaften auf dieser Plattform für die Ansprache einer bestimmten Zielgruppe »funktionieren«.

Wahrscheinlich ist außerdem, dass sich Bilder, die in hybriden politischen Kampagnen über digitale Tools und traditionelle Formate kommuniziert werden, in Zukunft stärker aufeinander beziehen und in Erzählungen über Parteien und SpitzenkandidatInnen sowie ihre Themen, Motivationen und Ziele eingebunden werden. Das Erzählen von Geschichten (Storytelling) ist ein wichtiger Bestandteil politischer Kommunikation zur sinnstiftenden Vermittlung von Inhalten und Deutungsangeboten, der stetig an Bedeutung gewinnt. Stories helfen PolitikerInnen, sich mit ihren Biografien, persönlichen Eigenschaften, Positionen und Zielen zu präsentieren. Der verstärkte Einsatz von Bildmaterial im digitalen Storytelling zur Ausgestaltung visueller Erzählwelten könnte ein weiterer Trend sein, der in den nächsten Jahren an Bedeutung gewinnt. Bislang weitgehend ungenutzt ist dieses Potenzial bei der anschaulichen Vermittlung komplexer Policy-Bereiche oder bei der interaktiven Einbindung der Perspektiven, Ideen und Erfahrungen von UserInnen Sozialer Netzwerke. Die Frage, was über politische Inhalte und Prozesse vermittelt werden kann und wie sich RezipientInnen zur Beteiligung motivieren lassen, wird in Zukunft stärker mit Bezug auf Bildmaterial diskutiert werden.

Eine Voraussetzung des effektiven Einsatzes von Bildern ist die Ausbildung einer politischen Bildkompetenz, die visuelle Kommunikation nicht als schmückendes Beiwerk eines Wahlkampfes ansieht, sondern als eigenständigen Bedeutungsträger versteht und entsprechend ernst nimmt. Dazu zählt ein Verständnis dafür, dass die bloße *Quantität* von Bildmaterial nicht automatisch eine Zunahme an *Qualität* bedingt. Das Fluten Sozialer Netzwerke mit Fotos, Grafiken und Videos allein reicht nicht aus, um gewünschte Eindrücke und Images bei Zielgruppen aufzubauen oder zu stärken. Grundlegend ist außerdem die Entwicklung einer Digital Literacy, die die technischen Herausforderungen, Affordanzen und kommunikativen Konventionen bei der Nutzung digitaler Plattformen berücksichtigt.

Die skizzierten Prognosen sind nicht als lineare Entwicklungen zu verstehen, die Parteien und PolitikerInnen zeitlich synchron und in derselben Intensität durchlaufen werden, sondern vielmehr als graduelle Prozesse, die von ökonomischen und personellen Rahmenbedingungen einer Kampagne beeinflusst werden.

Aus den Prognosen entstehen nicht nur Herausforderungen für politische Kampagnen, die sich in höherem Zeit- und Ressourcenaufwand bei der Planung, Produktion und Verbreitung von Bildern niederschlagen, sondern auch für die Politikberichterstattung etablierter Massenmedien, für RezipientInnen und für die wissenschaftliche Forschung zu politischer Kommunikation und politischen Kampagnen. Während die massenmediale Politikberichterstattung zumindest die Übernahme von Handout Photos oder von Social-Media-Einträgen und damit verbundener Erzählstrategien kritisch hinterfragen sollte, ist die wissenschaftliche Forschung gefordert, die Eigenschaften und Funktionen von Bildern in digitalen Öffentlichkeiten besser zu verstehen und die Sammlung, Dokumentation und Aufbereitung von Daten sowie ihre vielfältigen quantitativen und qualitativen Auswertungsmethoden kontinuierlich an den technologischen Entwicklungsstand der untersuchten Plattformen anzupassen.

Auch wenn eine fortschreitende Professionalisierung von Kommunikationsaktivitäten sowie technische Entwicklungen die Art und Weise beeinflussen, wie Wahlkämpfe in Zukunft geführt werden, bleiben Bildtraditionen und Bildrepertoires langfristig bestehen. PolitikerInnen und ihre Teams greifen oft auf die Übernahme und Adaptierung von Bildern zurück, die bereits von erfolgreichen Kampagnen auf nationaler oder internationaler Ebene verwendet wurden. Ein gänzlich innovativer Umgang mit Bildmaterial stellt nicht die Regel, sondern die Ausnahme visueller politischer Kommunikation dar. Ein Blick auf die visuellen Traditionslinien politischer Kommunikation scheint daher ebenso notwendig wie sinnvoll. Denn oft sind es die langfristigen Entwicklungen, die auf vermeintlich neue Fragen plausible Antworten liefern.

ABBILDUNGSVERZEICHNIS

Abbildung 1: Screenshot eines Tweets der Satireplattform *The Poke* (@ThePoke) am 24. Jänner 2017 (Copyright des Fotos: Thomas Regembal). Quelle: https://twitter.com/ThePoke/status/823828441262919681, abgerufen am 20. Jänner 2020.

Abbildung 2: Screenshots einer *Instagram*-Story des ÖVP-Parteichefs und Bundeskanzlers Sebastian Kurz (@sebastiankurz) am 8. April 2019. Quelle: https://www.instagram.com/sebastiankurz, abgerufen am 8. April 2019 (online nicht mehr verfügbar).

Abbildung 3: Interview mit der SPÖ-Parteivorsitzenden Pamela Rendi-Wagner am 26. Mai 2019. Screenshot der Nachrichtensendung *ZIB2* am Sonntag. Quelle: orf.at, abgerufen am 27. Mai 2019 (online nicht mehr verfügbar).

Abbildung 4: *Instagram*-Eintrag der NEOS-Parteichefin und Spitzenkandidatin Beate Meinl-Reisinger (@beate_meinl_reisinger) während des österreichischen Nationalratswahlkampfes 2019. Quelle: https://www.instagram.com/p/B1yI4JDIoah, abgerufen am 13. Dezember 2019.

Abbildung 5: *Instagram*-Eintrag von Werner Kogler (@werner_kogler), Bundessprecher und Spitzenkandidat der *Grünen*, während des österreichischen Nationalratswahlkampfes 2019. Quelle: https://www.instagram.com/p/B2lvB8vo9Y2/, abgerufen am 20. Jänner 2020.

Abbildung 6: *Instagram*-Eintrag der SPÖ-Parteivorsitzenden und Spitzenkandidatin Pamela Rendi-Wagner (@rendi_wagner) während des österreichischen Nationalratswahlkampfes 2019. Quelle: https://www.instagram.com/p/BzYNCmjI6A1/, abgerufen am 20. Jänner 2020.

Abbildung 7: *Instagram*-Eintrag des FPÖ-Kandidaten Norbert G. Hofer (@norbert_hofer) während des österreichischen Bundespräsidentschaftswahlkampfes 2016. Quelle: https://www.instagram.com/p/BLfkNS1hWMB/, abgerufen am 15. August 2019.

Abbildung 8: *Instagram*-Eintrag des ÖVP-Parteichefs und Spitzenkandidaten Sebastian Kurz (@sebastiankurz) während des österreichischen Nationalratswahlkampfes 2019. Quelle: https://www.instagram.com/p/B1WaKUVoIj4/?igshid=4oz3zpctwdoo, abgerufen am 20. August 2019.

Abbildung 9: *Instagram*-Eintrag der NEOS-Spitzenkandidatin Claudia Gamon (@diegamon) während des Europawahlkampfes 2019. Quelle: https://www.instagram.com/p/Bw_1GAxBHy8/, abgerufen am 4. Februar 2020.

Abbildung 10: Screenshots einer *Instagram*-Story des ÖVP-Parteichefs und Spitzenkandidaten Sebastian Kurz (@sebastiankurz) am 7. Juli 2019. Quelle: https://www.instagram.com/sebastiankurz, abgerufen am 7. Juli 2019 (online nicht mehr verfügbar).

Abbildung 11: Plakatsujet der ÖVP im österreichischen Nationalratswahlkampf 2019. Quelle: https://www.facebook.com/sebastiankurz.at/photos/a.244013062357041/ 2379669488791377/?type=3&theater, abgerufen am 29. August 2019.

Abbildung 12: Screenshot der Website *OE24* am 7. Juli 2019. Quelle: https://www.oe24. at/oesterreich/politik/Kurz-Fan-Wanderung-mit-800-Anhaengern/387639498, abgerufen am 15. August 2019.

Abbildung 13: Screenshot der Website der *Kronen Zeitung* am 7. Juli 2019. Quelle: https://www.krone.at/1955567, abgerufen am 15. August 2019.

Abbildung 14: Screenshot eines Tweets des Kandidaten Alexander Van der Bellen (@ vanderbellen) während des österreichischen Bundespräsidentschaftswahlkampfes 2016. Quelle: https://twitter.com/vanderbellen/status/790466933023997952, abgerufen am 3. Februar 2020.

Abbildung 15: Plakatsujet der *Grünen* im österreichischen Nationalratswahlkampf 2019, Quelle: https://zurueckzudengruenen.at/themen/klima, abgerufen am 20. Jänner 2020.

Abbildung 16: Plakatsujet der *Grünen* im österreichischen Nationalratswahlkampf 2019, Quelle: https://zurueckzudengruenen.at/news-anstand, abgerufen am 20. Jänner 2020.

Abbildung 17: Screenshots des FPÖ-Videos *Am 26. Mai – Aufstehen für Österreich, damit es kein böses Erwachen gibt!* während des EU-Wahlkampfes 2019. Quelle: https://www.youtube.com/watch?v=cBg26260gFg, abgerufen am 15. August 2019.

Abbildung 18: Screenshots des Videos *Christiane Hörbiger für Sebastian Kurz* während des Nationalratswahlkampfes 2019. Quelle: https://www.youtube. com/watch?v=lSNmmvLqeqE, abgerufen am 26. August 2019 (online nicht mehr verfügbar).

Abbildung 19: Screenshot des Videos *Miteinander kommen wir weiter!* während des österreichischen Nationalratswahlkampfes 2017. Quelle: https://www. youtube.com/watch?v=prfvIAxgMag, abgerufen am 15. August 2019.

Abbildung 20: Screenshot des Videos *Miteinander kommen wir weiter!* während des österreichischen Nationalratswahlkampfes 2017. Quelle: https://www. youtube.com/watch?v=prfvIAxgMag, abgerufen am 15. August 2019.

Abbildung 21: Screenshots des Videos *Miteinander kommen wir weiter!* während des österreichischen Nationalratswahlkampfes 2017. Quelle: https://www. youtube.com/watch?v=prfvIAxgMag, abgerufen am 15. August 2019.

Abbildung 22: Screenshots des Videos *Steffi weiter im Parlament!* während des Nationalratswahlkampfes 2019. Quelle: https://www.youtube.com/ watch?v=crvyLBFIHVI, abgerufen am 15. August 2019.

Abbildung 23: Erste Plakatserie des Kandidaten Alexander Van der Bellen während des österreichischen Bundespräsidentschaftswahlkampfes im März 2016. Quelle: https://www.facebook.com/alexandervanderbellen/photos/ pcb.1155460851165622/1155460417832332/?type=3&theater, abgerufen am 15. August 2019.

Abbildung 24: *Instagram*-Eintrag des Kandidaten Alexander Van der Bellen (@ vanderbellen) während des österreichischen Bundespräsidentschaftswahlkampfes 2016. Quelle: https://www.instagram.com/p/BEGiAN8rFWn/, abgerufen am 13. Dezember 2019.

Abbildung 25: Screenshots des Videos »*I am from Austria*« – *Liebe Österreicherinnen und Österreicher* während des österreichischen Bundespräsidentschaftswahlkampfes 2016. Quelle: https://www.youtube.com/watch?v=WAHMgFLix5M, abgerufen am 15. August 2019.

Abbildung 26: Screenshot des Video-Statements von Gertrude Pressburger während des österreichischen Bundespräsidentschaftswahlkampfes 2016. Quelle: https://www.facebook.com/watch/?v=1366125040099201, abgerufen am 10. Jänner 2020.

Abbildung 27: *Instagram*-Eintrag des Kandidaten Alexander Van der Bellen (@ vanderbellen) während des österreichischen Bundespräsidentschaftswahlkampfes 2016. Quelle: https://www.instagram.com/p/BBW62U5LFaI/, abgerufen am 13. Dezember 2019.

Abbildung 28: *Instagram*-Eintrag des Kandidaten Alexander Van der Bellen (@ vanderbellen) während des österreichischen Bundespräsidentschaftswahlkampfes 2016. Quelle: https://www.instagram.com/p/BK2iIWWDVA_/, abgerufen am 13. Dezember 2019.

Abbildung 29: Screenshot eines *Facebook*-Eintrags des österreichischen Bundespräsidenten Alexander Van der Bellen am 10. August 2019. Quelle: https://www.facebook.com/alexandervanderbellen/posts/2625938060784553?__tn__=-R, abgerufen am 15. August 2019.

Abbildung 30: Screenshot eines Tweets des Users Davsow (@davsow) am 12. September 2018. Quelle: https://twitter.com/davsow/status/1039861629620559872, abgerufen am 20. Jänner 2020.

Abbildung 31: Screenshot eines Tweets des US-Autors und Komikers Jason O. Gilbert (@gilbertjasono) am 28. Februar 2019. Quelle: https://twitter.com/gilbertjasono/status/968971591186046976, abgerufen am 15. August 2019.

Abbildung 32: Screenshot eines *Facebook*-Eintrags der Freiheitlichen Jugend am 24. Juli 2019. Quelle: https://www.facebook.com/FJOesterreich/posts/10157416618774851/, abgerufen am 3. Februar 2020.

LITERATUR

Abidin, Crystal 2017: #familygoals: Family Influencers, Calibrated Amateurism, and Justifying Young Digital Labor. *Social Media & Society*, 3(2), 1–15, https://doi.org/10.1177/2056305117707191.

Adamovich, Ludwig 2017: Wahl des Bundespräsidenten. In: Ludwig Adamovich/Franz Cede/Christian Prosl (Hrsg.): *Der Bundespräsident: das unterschätzte Amt*. Innsbruck: Studien Verlag, 12–16.

Adamovich, Ludwig/Cede, Franz/Prosl, Christian (Hrsg.): *Der Bundespräsident: das unterschätzte Amt*. Innsbruck: Studien Verlag.

Adatto, Kiku 2008: *Picture perfect: Life in the age of the photo op*. Princeton: Princeton University Press.

Al-Serori, Leila et al. 2019: Strache-Video: Heimliche Aufnahmen belasten Österreichs Vizekanzler schwer. *Süddeutsche Zeitung* (17. Mai 2019), https://www.sueddeutsche.de/politik/strache-video-fpoe-oesterreich-ibiza-1.4451784, abgerufen am 15. August 2019.

Alter, Charlotte 2019: Inside Elizabeth Warren's Selfie Strategie. *TIME* (23. September 2019), https://time.com/5683099/elizabeth-warren-selfies/, abgerufen am 20. Jänner 2020.

Andrew-Gee, Eric 2016: The political photo is the message. *The Globe and Mail* (12. August 2016), https://www.theglobeandmail.com/news/national/the-unmediated-photo-is-themessage/article31389091, abgerufen am 15. August 2019.

Anholt, Simon 2007: *Competitive Identity: The New Brand Management for Nations, Cities and Regions*. Basingstoke, Hampshire: Palgrave Macmillan.

Aronczyk, Melissa 2013: *Branding the Nation: The Global Business of National Identity*. New York: Oxford University Press.

Barrett, Andrew W./Barrington, Lowell W. 2005: Is a Picture Worth a Thousand Words? Newspaper Photographs and Voter Evaluations of Political Candidates. *The International Journal of Press/Politics*, 10(4), 98–113.

Bartlau, Christian 2016: Hindenburg lässt grüßen. *Die Zeit* (28. April 2016), https://www.zeit.de/politik/ausland/2016-04/norbert-hofer-oesterreich-praesident-wahl-verfassung, abgerufen am 14. Februar 2020.

Bayer, Joseph B./Ellison, Nicole B./Schoenebeck, Sarita Y./Falk, Emily B. 2016: Sharing the small moments: ephemeral social interaction on Snapchat. *Information, Communication & Society*, 19(7), 956–977.

Bennett, W. Lance 2016[10]: *News: The Politics of Illusion*. Chicago: The University of Chicago Press.

Berg-Schlosser, Dirk 2002: Globale Perspektiven politischer Kulturen. In: Werner Rossade/Birgit Sauer/Dietmar Schirmer (Hrsg.): *Politik und Bedeutung*.

Studien zu den kulturellen Grundlagen politischen Handelns und politischer Institutionen. Wiesbaden: Springer VS, 300–314.

Bernhardt, Petra 2017: Image-making – image management: White House photos and the political iconography of the Obama presidency. *The Poster*, 4(1/2), 145–172.

Bernhardt, Petra 2019a: Politisches Storytelling oder »Gschichtldrucken« im Wahlkampf. *Falter* (17. Juni 2019), https://cms.falter.at/blogs/thinktank/2019/06/17/politisches-storytelling-oder-gschichtldrucken-im-wahlkampf, abgerufen am 15. August 2019.

Bernhardt, Petra 2019b: Wahlkampf in der Inszenierungsfalle. Falter (23. September 2019), https://cms.falter.at/blogs/thinktank/2019/09/23/wahlkampf-in-der-inszenierungsfalle/, abgerufen am 30. September 2019.

Bernhardt, Petra 2020: Das virale G7-Foto: Deutungsmuster im User-Generated-Content zu visueller politischer Kommunikation auf *Twitter*. In: Cornelia Brantner et al. (Hrsg.): *Vernetzte Bilder. Visuelle Kommunikation in Sozialen Medien.* Köln: Herbert von Halem, 216–237.

Bernhardt, Petra/Hadj-Abdou, Leila/Liebhart, Karin/Pribersky, Andreas 2009: *EUropäische Bildpolitiken.* Wien: Facultas WUV.

Bernhardt, Petra/Liebhart, Karin 2017: Politik auf Instagram: Bildstrategien von Norbert Hofer und Alexander Van der Bellen im Bundespräsidentschaftswahlkampf 2016. *SWS-Rundschau*, 2, 146–167.

Bernhardt, Petra/Liebhart, Karin 2018: Kurz erklärt: Bildstrategien am Zug. *Der Standard* (26. April 2018), https://www.derstandard.at/story/2000078567673/kurz-erklaert-bildstrategien-am-zug, abgerufen am 15. August 2019.

Bernhardt, Petra/Liebhart, Karin 2020: Storytelling im digitalen Wahlkampf. Analysen transmedialer Kampagnen am Beispiel der österreichischen Bundespräsidentschaftswahl 2016. In: Cornelia Brantner et al. (Hrsg.): *Vernetzte Bilder. Visuelle Kommunikation in Sozialen Medien.* Köln: Herbert von Halem, 110–131.

Bernhardt, Petra/Liebhart, Karin/Pribersky, Andreas 2019: Visuelle Politik: Perspektiven eines politikwissenschaftlichen Forschungsbereichs. *Österreichische Zeitschrift für Politikwissenschaft*, 48(2), 44–54.

Binder, Jeannine 2016: Nation Branding: Die Marke Österreich schläft. *Die Presse* (26. Oktober 2016), https://www.diepresse.com/5107484/nation-branding-die-marke-osterreich-schlaft, abgerufen am 15. August 2019.

Bleiker, Roland 2018: Mapping visual global politics. In: Roland Bleiker (Hrsg.): *Visual Global Politics.* London/New York: Routledge, 1–29.

Böhmer, Christian 2019: Kurz in St. Pölten: »Sie haben ihn uns weg genommen«. *Kurier* (14. Juni 2016), https://kurier.at/politik/inland/kurz-in-st-poelten-sie-haben-ihn-uns-weg-genommen/400523656, abgerufen am 15. August 2019.

Brantner, Cornelia/Pfurtscheller, Daniel/Lobinger, Katharina 2019: Politik im Spot(t)-Format: Humor im österreichischen Wahlkampf 2017. In: Christian Schicha (Hrsg.): *Wahlwerbespots zur Bundestagswahl 2017.* Wiesbaden: Springer Fachmedien, 509–528.

Brettschneider, Frank 2008: Negative Campaigning. In: Wolfgang Donsbach (Hrsg.): *International Encyclopedia of Communication*. Malden: Blackwell Publishing, 3020–3021.

Bock, Annekatrin/Isermann, Holger/Knieper, Thomas 2011: Ikonologische Kontext-analyse. In: Thomas Peterson/Clemens Schwender (Hrsg.): *Die Entschlüsselung der Bilder. Methoden zur Erforschung visueller Kommunikation*. Köln: Herbert von Halem, 56–71.

Bredekamp, Horst 2003: *Thomas Hobbes Visuelle Strategien. Der Leviathan: Das Urbild des modernen Staates*. Berlin: Akademie Verlag.

Breuss, Susanne/Liebhart, Karin/Pribersky, Andreas 1995: *Inszenierungen. Stichwörter zu Österreich*. Wien: Sonderzahl Verlag.

Bühler, Peter/Schlaich, Patrick/Sinner, Dominik 2017: *Visuelle Kommunikation. Wahrnehmung – Perspektive – Gestaltung*. Berlin: Springer Vieweg.

Bundesministerium für Auswärtige Angelegenheiten (1992): *Die österreichische Informationskampagne zum EU-Beitritt*. Wien: Manz Verlag.

Capehart, Jonathan 2012: Photo speaks volumes about Obama and race. *The Washington Post* (24. Mai 2012), https://www.washingtonpost.com/blogs/post-partisan/post/photo-speaks-volumes-about-obama-and-race/2012/05/24/gJQA2T2lmU_blog.html?utm_term=.783d39f3146b, abgerufen am 5. Februar 2019.

Chadwick, Andrew 2013: *The hybrid media system: politics and power*. Oxford: Oxford University Press.

Cosgrove, Ken 2016: The emotional brand wins. In: Darren G. Lilleker/Dan Jackson/Einar Thorsen/Anastasia Veneti (Hrsg.): *US Election Analysis 2016: Media, Voters and the Campaign: Early Reflections from Leading Academics*, http://www.electionanalysis2016.us/us-election-analysis-2016/section-2-campaign/the-emotional-brand-wins/, abgerufen am 9. Juni 2019.

Cremer, Matthias 2011: Cremers Photoblog: Neulich im Bundeskanzleramt. *Der Standard* (28. Juni 2011), https://www.derstandard.at/story/1308679887166/neulich-im-bundeskanzleramt, abgerufen am 15. August 2019.

Dawkins, Richard 1976: *The selfish gene*. Oxford: Oxford University Press.

Diehl, Paula 2019: Interdisziplinarität, Politische Repräsentation und das Imaginäre. Plädoyer für eine neue Perspektive der politischen Kulturforschung. In: Wolfgang Bergem/Paula Diehl/Hans J. Lietzmann (Hrsg.): *Politische Kulturforschung reloaded – Neue Theorien, Methoden und Ergebnisse*. Bielefeld: transcript, 39–57.

Dolezal, Martin/Ennser-Jedenastik, Laurenz/Müller, Wolfgang C. 2015: Who will attack the competitors? How political parties resolve strategic and collective action dilemmas in negative campaigning. *Party Politics*, 23(6), 666–679.

Dörner, Andreas 2001: *Politainment. Politik in der medialen Erlebnisgesellschaft*. Frankfurt/Main: Suhrkamp.

Dörner, Andreas 2006: Politik als Fiktion. *Aus Politik und Zeitgeschichte*, 7, 3–11.

Dörner, Andreas/Vogt, Ludgera 2015: Einleitung: Inszenierung und Kontingenz auf den Vorder- und Hinterbühnen des Personality-Talks. In: Andreas Dörner/Ludgera Vogt/Matthias Bandtel/Benedikt Porzelt (Hrsg): *Riskante Büh-*

nen. Inszenierung und Kontingenz – Politikerauftritte in deutschen Personality-Talkshows. Wiesbaden: Springer Fachmedien, 11–24.

Dörner, Andreas 2015: Kontexte: Zur Einbettung der Thematik und zum Stand der Forschung. In: Andreas Dörner/Ludgera Vogt/Matthias Bandtel/Benedikt Porzelt (Hrsg): *Riskante Bühnen. Inszenierung und Kontingenz – Politikerauftritte in deutschen Personality-Talkshows*. Wiesbaden: Springer Fachmedien, 25–43.

Edelman, Murray 1990: *Politik als Ritual: Die symbolische Funktion staatlicher Institutionen und politischen Handelns* (Originalausgabe gesondert 1964 und 1971), Frankfurt am Main/New York: Campus.

Entman, Robert M. 1993: Framing: Toward Clarification of a Fractured Paradigm. *Journal of Communication*, 43(4), 51–58.

Esch, Franz-Rudolf/von Einem, Elisabeth/Eichenauer, Sabrina 2018: Visuelle Reize in der Kommunikation effektiv umsetzen. In: Tobias Langner/Franz-Rudolf Esch/Manfred Bruhn (Hrsg.): *Handbuch Techniken der Kommunikation*. Wiesbaden: Springer Fachmedien.

Fellner, Sebastian 2019: Die SPÖ und ihre Kommunikationsprobleme: Leid im Bild. *Der Standard* (29. Mai 2019), https://www.derstandard.at/story/2000103987799/die-spoe-und-ihre-kommunikationsprobleme-leid-im-bild, abgerufen am 1. August 2019.

Felton, James 2018: WOULD YOU LIKE TO BE SECRETARY OF STATE. *Twitter* (13. März 2018), https://twitter.com/JimMFelton/status/973552345668898816?s=20, abgerufen am 15. August 2019.

Foxall, Andrew 2013: Photographing Vladimir Putin: Masculinity, Nationalism and Visuality in Russian Political Culture. *Geopolitics*, 18(1), 132–156.

FPÖ TV 2018: 10. Todestag von Jörg Haider – Ein Portrait! *YouTube* (10. Oktober 2018). https://www.youtube.com/watch?v=tJnPBYo3Fhc, abgerufen am 28. Februar 2020.

FPÖ TV 2019: Am 26. Mai – Aufstehen für Österreich, damit es kein böses Erwachen gibt! *YouTube* (13. Mai 2019), https://www.youtube.com/watch?v=cBg26260gFg, abgerufen am 15. August 2019.

Freiheitliche Jugend 2019: Wer aus religiösen Gründen kein Schweinefleisch isst, soll es bleiben lassen. Aber wir werden es nicht dulden, dass unsere Kinder deshalb zu einem Verzicht von Schweinefleisch gezwungen werden. *Facebook* (24. Juli 2019), https://www.facebook.com/FJOesterreich/posts/10157416618774851/, abgerufen am 3. Februar 2020.

Friedrich, Thomas/Schweppenhäuser, Gerhard 2017: *Bildsemiotik. Grundlagen und exemplarische Analysen visueller Kommunikation*. Basel: Birkhäuser Verlag.

Fritzsche, Lara 2019: Interessant, wie wortreich #Strache sich als Mann (»Macho«), Ehemann (wollte andere Frau beeindrucken) und Ehrenmann (über Kollegen Kurz gelästert) entschuldigt. So legt er Nahe (sic), es ginge um private Verfehlungen auf dem Feld der Männlichkeit. Dort sind Sympathien sicher. *Twitter* (18. Mai 2019), https://twitter.com/larafritzsche/status/1129698487296245761, abgerufen am 15. August 2019.

Gadinger, Frank/Jarzebski, Sebastian/Yildiz, Taylan 2014: Politische Narrative. Konturen einer politikwissenschaftlichen Erzähltheorie. In: Frank Gadinger/Sebastian Jarzebski/Taylan Yildiz (Hrsg.): *Politische Narrative: Konzepte – Analysen – Forschungspraxis.* Wiesbaden: Springer Fachmedien, 3–38.

Gardner, Howard 1995: *Leading minds: An anatomy of leadership.* New York: Basic Books.

Garmston, Robert J. 2019: *The Astonishing Power of Storytelling: Leading, Teaching, and Transforming in a New Way.* Thousand Oaks: Corwin.

Geise, Stephanie 2011: *Vision that matters. Die Funktions- und Wirkungslogik Visueller Politischer Kommunikation am Beispiel des Wahlplakats.* Wiesbaden: VS Verlag.

Geise, Stephanie/Lobinger, Katharina/Brantner, Cornelia 2013: Fractured Paradigm? Theorien, Konzepte und Methoden der visuellen Framingforschung: Ergebnisse einer systematischen Literaturschau. In: Stephanie Geise/Katharina Lobinger (Hrsg.): *Visual Framing. Perspektiven und Herausforderungen der Visuellen Kommunikationsforschung.* Köln: Herbert von Halem, 42–76.

Geise, Stephanie/Kamps, Klaus 2015: Negative Campaigning auf Wahlplakaten: Konstruktion, Operationalisierung, Wirkungspotenziale. In: Karl-Rudolf Korte (Hrsg.): *Die Bundestagswahl 2013: Analysen der Wahl-, Parteien-, Kommunikations- und Regierungsforschung.* Wiesbaden: Springer Fachmedien, 343–366.

Gilbert, Jason O. 2018: DO YOU WANNA COME RUN WHITE HOUSE COMMUNICATIONS. *Twitter* (28. Februar 2018), https://twitter.com/gilbertjasono/status/968971591186046976, abgerufen am 15. August 2019.

Glassman, Carl/Kenney, Keith 1994: Myths & Presidential Campaign Photographs. *Visual Communication Quarterly*, 1(4), 4–7.

Goffman, Erving 1969: *Wir alle spielen Theater. Die Selbstdarstellung im Alltag.* München/Zürich: Piper.

Goffman, Erving 1974: *Frame Analysis: An Essay on the Organization of Experience.* Cambridge: Harvard University Press.

Goffman, Erving 1979: *Gender Advertisements.* New York: Harper Press.

Goodnow, Trischa 2010: Visual Bias in *Time*'s »The Great Divide«: A Semiotic Analysis of Clinton and Obama Photographs. *American Behavioral Scientist* 54(4), 406–416.

Grabe, Maria Elizabeth/Bucy, Eric Page 2009: *Image Bite Politics. News and the Visual Framing of Elections.* New York: Oxford University Press.

Grittmann, Elke 2007: *Das politische Bild. Fotojournalismus und Pressefotografie in Theorie und Empirie.* Köln: Herbert von Halem.

Grittmann, Elke 2009: Das Bild von Politik: Vom Verschwinden des entscheidenden Moments. *Aus Politik und Zeitgeschichte*, 31, 33–38.

Grittmann, Elke 2012: Der Blick auf die Macht. Geschlechterkonstruktionen von Spitzenpersonal in der Bildberichterstattung. In: Margreth Lünenborg/Jutta Röser (Hrsg.): *Ungleich mächtig. Das Gendering von Führungspersonen aus Politik, Wirtschaft und Wissenschaft in der Medienkommunikation.* Bielefeld: transcript, 127–172.

Grittmann, Elke 2013: Visual Frames – Framing Visuals. Zum Zusammenhang von Diskurs, Frame und Bild in den Medien am Beispiel des Klimawandeldiskurses. In: Stephanie Geise/Katharina Lobinger (Hrsg.): *Visual Framing. Perspektiven und Herausforderungen der Visuellen Kommunikationsforschung.* Köln: Herbert von Halem, 95–116.

Grittmann, Elke 2018: Grounded Theory und qualitative Bildanalyse. Die Analyse visueller Geschlechterkonstruktionen in den Medien. In: Christian Pentzold/ Andreas Bischof/Nele Heise (Hrsg.): *Praxis Grounded Theory*. Wiesbaden: Springer Fachmedien, 191–210.

Grittmann, Elke/Ammann, Ilona 2011: Quantitative Bildtypenanalyse. In: Thomas Petersen/Clemens Schwender (Hrsg.): *Die Entschlüsselung der Bilder. Methoden zur Erforschung visueller Kommunikation: ein Handbuch*. Köln: Herbert von Halem, 163–178.

Hahner, Leslie/Woods, Heather 2020: The meme endorsement you might have missed and why it matters for 2020. *The Conversation* (29. Jänner 2020), https://theconversation.com/the-meme-endorsement-you-might-have-missed-and-why-it-matters-for-2020-130174?utm_term=Autofeed&utm_medium= Social&utm_source=Twitter#Echobox=1580313060, abgerufen am 29. Jänner 2020.

Haller, André 2019: Die Online-Kampagnen im Bundestagswahlkampf 2017: Eine quantitative Auswertung der Facebook-Reichweiten von Parteien und Kandidatinnen und Kandidaten. In: Christina Holtz-Bacha (Hrsg.): *Die (Massen-)Medien im Wahlkampf. Die Bundestagswahl 2017*. Wiesbaden: Springer Fachmedien, 49–72.

Haller, Günther 2019: Die hohen Berge, das klare Wasser: die Österreicher und ihr Nationalstolz. *Die Presse* (20. April 2019), https://www.diepresse.com/5615694/ die-hohen-berge-das-klare-wasser-die-osterreicher-und-ihr-nationalstolz, abgerufen am 15. August 2019.

Hans, Barbara 2015: *Inszenierung von Politik. Zur Funktion von Privatheit, Authentizität, Personalisierung und Vertrauen*. Wiesbaden: Springer Fachmedien.

Haßler, Jörg/Kruschinski, Simon 2019: Vernetzte Kampagne?! Die Verbindung von Offline- und Online-Wahlkampf im Wahljahr 2017 am Beispiel der Mobilisierungskampagnen von CDU und SPD. In: Christina Holtz-Bacha (Hrsg): *Die (Massen-)Medien im Wahlkampf. Die Bundestagswahl 2017*. Wiesbaden: Springer Fachmedien, 73–95.

Haupt, Friederike 2019: Stockfotos von »Politikern«: Als wäre die Angst schon die Wirklichkeit. *Frankfurter Allgemeine Zeitung* (9. Oktober 2019), https://www. faz.net/aktuell/politik/inland/stockfotos-von-politikern-als-waere-die-angst-schon-die-wirklichkeit-16418603.html, abgerufen am 20. Jänner 2020.

Hayek, Lore 2016: *Design politischer Parteien: Plakatwerbung in österreichischen Wahlkämpfen*. Wien/Münster: LIT Verlag.

Heidegger, Gerald 2019: SPÖ legt sich fest: Misstrauensantrag gegen ganze Regierung. *ORF* (27. Mai 2019), https://orf.at/stories/3124514/, abgerufen am 15. August 2019.

Heiskanen, Benita 2017: Meme-ing Electoral Participation. *European Journal of American Studies* 12(2), doi:10.4000/ejas.12158.

Hepp, Andreas 2005: Medienkultur. In: Andreas Hepp/Friedrich Krotz/Carsten Winter (Hrsg.): *Globalisierung der Medienkommunikation. Eine Einführung*. Wiesbaden: VS Verlag, 137–162.

Herbst, Dieter Georg/Musiolik, Thomas Heinrich 2016: *Digital Storytelling. Spannende Geschichten für interne Kommunikation, Werbung und PR.* Konstanz und München: UVK.

Hilpold, Stephan 2017: Tracht im Wahlkampf: Humtata, humtatä. *Der Standard* (14. Oktober 2017), https://www.derstandard.at/story/2000065974157/tracht-im-wahlkampf-hum-tata-hum-tatae, abgerufen am 15. August 2019.

Hochschild, Arlie Russel 2018: *Strangers in their own land: anger and mourning on the American right.* New York/London: The New Press.

Hofer, Norbert 2016: #orf #wahl16 #bpw16. *Instagram* (1. Dezember 2016), https://www.instagram.com/p/BNfUx62A3Eu/, abgerufen am 15. August 2019.

Hofmann, Wilhelm/Renner, Judith/Teich, Katja (Hrsg.) 2014: *Narrative Formen der Politik.* Wiesbaden: Springer Fachmedien.

Holtz-Bacha, Christina 2001: Negative Campaigning: in Deutschland negativ aufgenommen. *Zeitschrift für Parlamentsfragen*, 32(3), 669–677.

Holtz-Bacha, Christina 2002: Massenmedien und Wahlen. Die Professionalisierung der Kampagnen. *Aus Politik und Zeitgeschichte*, 15–16, 23–28.

Holtz-Bacha, Christina 2006: Personalisiert und emotional: Strategien des modernen Wahlkampfes. *Aus Politik und Zeitgeschichte*, 7, 11–19

Holtz-Bacha, Christina (Hrsg.) 2019: *Die (Massen-)Medien im Wahlkampf. Die Bundestagswahl 2017.* Wiesbaden: Springer Fachmedien.

Holtz-Bacha, Christina/Kaid, Lynda Lee 1993: Die Beurteilung von Wahlspots im Fernsehen. In: Christina Holtz-Bacha/Lynda Lee Kaid (Hrsg.): *Die Massenmedien im Wahlkampf.* Wiesbaden: VS Verlag, 46–71.

Iglesias Turrión, Pablo 2015: *Politics in a Time of Crisis: Podemos and the Future of Democracy in Europe.* New York: Verso Books.

Institut für Urheber- und Medienrecht 2020: Österreich: OGH zur Nutzung eines Fotos in Berichterstattung über Bildmanipulation (22. Mai 2020), http://www.urheberrecht.org/news/6324, abgerufen am 26. Mai 2020.

Jaruševičiūtė, Greta 2017: Bin That Looks Like Donald Trump Inspires the GREATEST Photoshop Battle Ever (44 Pis), *Boredpanda*, https://www.boredpanda.com/funny-donald-trump-bin-photoshop-battle/?utm_source=google&utm_medium=organic&utm_campaign=organic, abgerufen am 15. August 2019.

Jarzebski, Sebastian 2015: Wahlkampf als Erzählung: Metaphern und Narrative im TV-Duell. In: Karl-Rudolf Korte (Hrsg.): *Die Bundestagswahl 2013.* Wiesbaden: Springer Fachmedien, 367–385.

Jennings, Rebecca 2019: Why selfie lines are crucial to Elizabeth Warren's campaign. *VOX* (20. Dezember 2019), https://www.vox.com/the-goods/2019/9/19/20872718/elizabeth-warren-2020-selfie-line, abgerufen am 20. Jänner 2020.

Johann, Michael/Bülow, Lars 2019: Politische Internet-Memes: Erschließung eines interdisziplinären Forschungsfeldes. In: Lars Bülow/Michael Johann (Hrsg.): *Politische Internet-Memes – Theoretische Herausforderungen und empirische Befunde.* Berlin: Frank & Timme, 13–40.

Kaneva, Nadia 2011: Nation Branding: Toward an Agenda for Critical Research. *International Journal of Communication* 5, 117–141.

Kaplan, Thomas/Kalifa, Tamir/Weingart, Eden 2019: How to Get a Selfie With Elizabeth Warren in 8 Steps. *New York Times* (22. Juli 2019), https://www.

nytimes.com/interactive/2019/07/22/us/politics/elizabeth-warren-selfies.html, abgerufen am 20. Jänner 2020.

Katz, Andrew 2017: That Viral Photo of Justin Trudeau and Donald Trump Is Not What It Seems. *Time* (13. Februar 2017), https://time.com/4669566/justin-trudeau-donald-trump-washington-handshake, abgerufen am 5. Februar 2019.

Kauppert, Michael/Leser, Irene (Hrsg.) 2014: *Hillarys Hand. Zur politischen Ikonographie der Gegenwart*. Bielefeld: transcript.

Kautt, York 2008: *Image. Zur Genealogie eines Kommunikationscodes der Massenmedien*. Bielefeld: transcript.

Kazim, Hasnain 2018: Ruhe, jetzt redet Frau Gertrude. *Der Spiegel* (31. Jänner 2018), https://www.spiegel.de/geschichte/kz-auschwitz-birkenau-gertrude-pressburger-hat-den-holocaust-ueberlebt-a-1189748.html, abgerufen am 1. Dezember 2019.

Keim, Nina/Rosenthal, Adrian 2016: Memes, Big Data und Storytelling. Rückblick auf den digitalen US-Wahlkampf 2012. In: Christoph Bieber/Klaus Kamps (Hrsg.): *Die US-Präsidentschaftswahlen 2012*. Wiesbaden: Springer Fachmedien, 307–330.

Kirschenknapp, Hildegard 2000: *Parzen und Nornen. Die poetische Ausformung der mythologischen Schicksalsfiguren zwischen Aufklärung und Expressionismus*. Frankfurt/Main: Peter Lang.

Knieper, Thomas/Müller, Marion G. 2003: *Authentizität und Inszenierung von Bilderwelten*. Köln: Herbert von Halem.

Knieper, Thomas/Müller, Marion G. 2004: *Visuelle Wahlkampfkommunikation*. Köln: Herbert von Halem.

Knieper, Thomas/Müller, Marion G. 2019: Zur Bedeutung von Bildkontexten und Produktionsprozessen für die Analyse visueller Kommunikation. In: Katharina Lobinger (Hrsg.): *Handbuch Visuelle Kommunikationsforschung*. Wiesbaden: Springer Fachmedien, 515–526.

Knobbe, Martin/Obermaier, Frederik 2019: FPÖ-Chef Strache heimlich gefilmt: Die Videofalle. *Der Spiegel* (17. Mai 2019), https://www.spiegel.de/video/fpoe-chef-heinz-christian-strache-die-videofalle-video-99027174.html, abgerufen am 15. August 2019.

König, Michael 2013: Wahlwerbespots von NPD und FDP. Liberal, rechtsextrem und ziemlich im Quark. *Süddeutsche Zeitung* (27. August 2013), https://www.sueddeutsche.de/politik/wahlwerbespots-von-npd-und-fdp-liberal-rechtsextrem-und-ziemlich-im-quark-1.1756034, abgerufen am 20. Jänner 2020.

Kos, Wolfgang 2005: »Landschaft«. Zwischen Verstaatlichung und Privatisierung. In: Emil Brix/Ernst Bruckmüller/Hannes Stekl (Hrsg.): *Memoria Austriae II. Bauten, Orte, Regionen*. Wien: Verlag für Geschichte und Politik, 200–235.

Köstinger, Elisabeth 2018: Wir lassen das Auto stehen und fahren mit dem E-Roller zum Ministerrat. Jeder kann einen kleinen Beitrag zum Klimaschutz leisten. #nachhaltigkeit *Twitter* (12. September 2018), https://twitter.com/ElliKoestinger/status/1039822392355430400?s=20, abgerufen am 15. August 2019.

Koschnick, Wolfgang J. 2010: Medienkonvergenz. Zusammenwachsen von Fernsehen, Internet, Telekommunikation. http://webcache.googleusercontent.com/

search?q=cache:oxpFthn7GlIJ:https://www.bpb.de/system/files/dokument_
pdf/GuS_37_Medienkonvergenz.pdf+&cd=2&hl=de&ct=clnk&gl=de, abgerufen am 15. August 2019.

Kreiss, Daniel/Lawrence, Regina G./McGregor, Shannon 2018: In Their Own
Words: Political Practitioner Accounts of Candidates, Audiences, Affor-
dances, Genres, and Timing in Strategic Social Media Use. *Political Communication*. 35(1), 8–31.

Kress, Gunther 2010: *Multimodality: A Social Semiotic Approach to Contemporary
Communication*. London/New York: Routledge.

Krisper, Stephanie 2019: Steffi weiter im Parlament! *YouTube* (25. Juni 2019), https://
www.youtube.com/watch?v=crvyLBFIHVI, abgerufen am 15. August 2019.

Kroeber-Riel, Werner/Esch, Franz-Rudolf 2015[8]: *Strategie und Technik der Werbung. Verhaltenswissenschaftliche Ansätze*. Stuttgart.

Kronen Zeitung 2019: Bild der Woche. *Farbbeilage der Krone am Sonntag*, 18. August 2019.

Kurz, Sebastian 2019: Christiane Hörbiger für Sebastian Kurz. *YouTube* (26. August 2019), https://www.youtube.com/watch?v=lSNmmvLqeqE, abgerufen
am 26. August 2019.

Kynast, Andreas 2019: Vorkehrungen bei Merkel-Reisen: Bloß nichts Weißes hinter
der Kanzlerin. *zdf.de* (7. Mai 2019), https://www.zdf.de/nachrichten/heute/
kanzlerin-exklusiv-vorkehrungen-bei-merkel-reisen-100.html, abgerufen am
15. August 2019.

Leaver, Tamar/Highfield, Tim/Abidin, Crystal 2020: *Instagram: Visual Social Media
Cultures*. Cambridge/Medford: Polity Press.

Lessinger, Eva-Maria/Holtz-Bacha, Christina 2019: Nicht von gestern: Die Parteien-
plakate im Bundestagswahlkampf 2017. In: Christina Holtz-Bacha (Hrsg.):
Die (Massen-)Medien im Wahlkampf. Die Bundestagswahl 2017. Wiesbaden:
Springer Fachmedien, 125–164.

Levine, Kenneth J. 2017: Understanding the Stories of Presidential Candidates:
A Comparison Between the Stories of 2012 and 2016. *American Behavioral
Scientist*, 61(9), 1024–1039.

Levine, Sam/McGonigal, Chris 2016: Here Are Just A Few Epic Stock Photo Fails.
Huffington Post (21. September 2016), https://www.huffpost.com/entry/stock-
photo-fails-trump_n_57e2957fe4b08d73b82e9cf7?ncid=engmodushpmg
00000004, abgerufen am 20. Jänner 2020.

Liebhart, Karin 2008: Das Private ist politisch werbewirksam. Zur Imagekonstruktion
österreichischer und deutscher Spitzenpolitiker/innen. In: Johannes Pollack/
Fritz Sager/ Ulrich Sarcinelli/Annette Zimmer (Hrsg.): *Politik und Persönlichkeit*. Innsbruck/Wien: Studienverlag, 101–120.

Liebhart, Karin 2013: Icon of the Orange Revolution, Evita of Kyiv, Ukrainian
Barbie doll, Jeanne d'Arc, innocent victim? The multifaceted visual repre-
sentations of Yulia Tymoshenko. *Politics in Central Europe*, 9 (1), 27–46.

Liebhart, Karin/Bernhardt, Petra 2017: Political Storytelling on Instagram: Key
Aspects of Alexander Van der Bellen's Successful 2016 Presidential Election
Campaign. *Media and Communication*, 5(4), 15–25.

Liebhart, Karin/Bernhardt, Petra 2019: The Use of Social Media in the 2016 Presidential Election Campaign: Reframing the Homeland-Story as an Inclusive Concept. In: Günter Bischof/David M. Wineroither (Hrsg.): *Democracy in Austria (Contemporary Austrian Studies 28)*. New Orleans/Innsbruck: Innsbruck University Press, 177–198.

Lindsey, Treva 2017: Michelle Obama's Natural Hair Is Exactly What Young Black Women Need Right Now. *Cosmopolitan* (6. April 2017), https://www.cosmopolitan.com/style-beauty/a9240882/why-michelle-obamas-natural-hair-matters/, abgerufen am 20. Jänner 2020.

Lindgren, Simon 2017: *Digital Media & Society*. London/Thousand Oaks/New Delhi/Singapur: SAGE.

Llanque, Marcus 2014: Metaphern, Metanarrative und Verbindlichkeitsnarrationen: Narrative in der Politischen Theorie. In: Wilhelm Hofmann/Judith Renner/Katja Teich (Hrsg.): *Narrative Formen der Politik*. Wiesbaden: Springer Fachmedien, 7–29.

Lobinger, Katharina/Venema, Rebecca/Krämer, Benjamin/Benecchi, Eleonora 2019: Pepe the Frog – lustiges Internet-Meme, Nazi-Symbol und Herausforderung für die Visuelle Kommunikationsforschung. In: Clemens Schwender/Cornelia Brantner/Camilla Graubner/Joachim von Gottberg (Hrsg.): *zeigen | andeuten | verstecken. Bilder zwischen Verantwortung und Provokation*. Köln: Herbert von Halem, 79–98.

Lochner, David 2016: Gastbeitrag: Performance-orientierte Unternehmenskommunikation. In: Dieter Georg Herbst/Thomas Heinrich Musiolik: *Digital Storytelling. Spannende Geschichten für interne Kommunikation, Werbung und PR*. Konstanz/München: UVK, 137–150.

Ludwig, Perdita/Treml, Martin/Weigel, Sigrid (Hrsg.) 2018: *Aby Warburg. Werke in einem Band*. Berlin: Suhrkamp.

Ludes, Peter 2001: Schlüsselbild-Gewohnheiten. Visuelle Habitualisierung und visuelle Koordinationen. In: Thomas Knieper/Marion G. Müller (Hrsg.): *Kommunikation visuell. Das Bild als Forschungsgegenstand – Grundlagen und Perspektiven*. Köln: Herbert von Halem, 64–78.

Lyon, Santiago 2013: Obama's Orwellian Image Control. *The New York Times* (11. Dezember 2013), https://www.nytimes.com/2013/12/12/opinion/obamas-orwellian-image-control.html, abgerufen am 5. Februar 2019.

Marland, Alex 2012: Political Photography, Journalism, and Framing in the Digital Age: The Management of Visual Media by the Prime Minister of Canada. *The International Journal of Press/Politics*, 17(2), 214–233.

Marland, Alex 2016: *Brand Command. Canadian Politics and Democracy in the Age of Message Control*. Vancouver: UCB Press.

Marquart, Franziska/Matthes, Jörg 2013: Charakteristika, Inhalte und Wirkungen politischer Plakate aus Sicht der Visuellen Kommunikations- und Framingforschung: Ein Forschungsüberblick. In: Stephanie Geise/Katharina Lobinger (Hrsg.): *Visual Framing. Perspektiven und Herausforderungen der Visuellen Kommunikationsforschung*. Köln: Herbert von Halem, 217–234.

Matthes, Jörg 2007: *Framing-Effekte. Zum Einfluss der Politikberichterstattung auf die Einstellung der Rezipienten*. München: Reinhard Fischer.

Maurer, Marcus 2016: *Nonverbale politische Kommunikation.* Wiesbaden: Springer VS Verlag.

McFarlane, Megan D. 2016: Visualizing the Rhetorical Presidency: Barack Obama in the Situation Room. *Visual Communication Quarterly,* 23(1), 3-13.

McGregor, Shannon 2019: Social media as public opinion: How journalists use social media to represent public opinion. *Journalism,* 20(8), 1070-1086.

McLaughlin, Bryan/Velez, John A. 2019: Imagines Politics: How Different Media Platforms Transport Citizens Into Political Narratives. *Social Science Computer Review,* 38(1), 22-37.

Merkel, Angela 2018: Zweiter Tag des G7-Gipfels in Kanada: spontane Beratung am Rande der offiziellen Tagesordnung. --- Day two of the G7 summit in Canada: spontaneous meeting between two working sessions. #G7Charlevoix #g7 #g7summit #multilateralism #multilateralismus. *Instagram* (9. Juni 2018), https://www.instagram.com/p/BjzoRKtAMFp/?hl=de, abgerufen am 15. August 2019.

Milner, Ryan M. 2013: Pop Polyvocality: Internet Memes, Public Participation, and the Occupy Wall Street Movement. *International Journal of Communication,* 7, 2357-2390.

Mina, An Xiao 2019: *Memes to movements: how the world's most viral media is changing social protest and power.* Boston: Beacon Press.

Mitchell, William J. T. 1990: Was ist ein Bild? In: Volker Bohn (Hrsg.): *Bildlichkeit* (Internationale Beiträge zur Poetik, Bd. 3). Frankfurt am Main: Suhrkamp, 17-68.

Mitchell, William J. T. 1994: *Picture theory. Essays on verbal and visual representation.* Chicago: University of Chicago Press.

Moriarty, Sandra E./Popovich, Mark N. 1991: Newsmagazine visuals and the 1988 presidential election. *Journalism & Mass Communication Quarterly,* 68(3), 371-380.

Mortensen, Tara 2015: Visually Assessing the First Lady in a Digital Age: A Study of Michelle Obama as Portrayed by Journalists and the White House. *Journal of Women, Politics & Policy,* 36(1), 43-67.

Muñoz, Caroline Lego/Towner, Terri L. 2017: The Image is the Message: Instagram Marketing and the 2016 Presidential Primary Season. *Journal of Political Marketing* 16(3-4), 290-318.

Müller, Marion G. 1997: *Politische Bildstrategien im amerikanischen Präsidentschaftswahlkampf, 1828-1996.* Berlin: Akademie Verlag.

Müller, Marion G. 2003: *Grundlagen der visuellen Kommunikation. Theorieansätze und Analysemethoden.* Konstanz: UTB.

Müller, Marion G. 2008: Visual competence: a new paradigm for studying visuals in the social sciences? *Visual Studies,* 23(2), 101-112.

Müller, Marion G. 2011: Ikonografie und Ikonologie, visuelle Kontextanalyse, visuelles Framing. In: Thomas Petersen/Clemens Schwender (Hrsg.): *Die Entschlüsselung der Bilder. Methoden zur Erforschung visueller Kommunikation. Ein Handbuch.* Köln: Herbert von Halem, 28-55.

Müller, Marion G. 2013: »You cannot unsee a picture!« Der Visual-Framing-Ansatz in Theorie und Empirie. In: Stephanie Geise/Katharina Lobinger

(Hrsg.): *Visual Framing. Perspektiven und Herausforderungen der Visuellen Kommunikationsforschung.* Köln: Herbert von Halem, 19–41.

Müller, Marion G./Geise, Stephanie 2015: *Grundlagen der Visuellen Kommunikation* (zweite, überarbeitete Auflage). Konstanz/München: UVK.

Münch, Peter 2018: Frau Gertrude mischt sich ein. *Süddeutsche Zeitung* (26. Jänner 2018), https://www.sueddeutsche.de/panorama/oesterreich-frau-gertrude-mischt-sich-ein-1.3842019, angerufen am 1. Dezember 2019.

Münkler, Herfried 1995: Die Visibilität der Macht und die Strategien der Machtvisualisierung. In: Gerhard Göhler (Hrsg.): *Macht der Öffentlichkeit – Öffentlichkeit der Macht.* Baden-Baden: Nomos, 213–230.

Murthy, Dhiraj 2018: *Twitter.* Cambridge/Medford: Polity Press.

nachrichten.at 2019: So lacht das Netz über den Schnitzel-Faux-Pas. *nachrichten.at* (28. Juli 2019), https://www.nachrichten.at/panorama/web/so-lacht-das-netz-ueber-den-schnitzel-faux-pas;art122,3151663, abgerufen am 3. Februar 2020.

NEOS 2019: WIR SIND EINE GROßE FAMILIE (Sound an). *Twitter* (29. August 2019), https://twitter.com/neos_eu/status/1167044799867883520?s=20, abgerufen am 20. August 2019.

Nolte, Kristina 2005: *Der Kampf um Aufmerksamkeit. Wie Medien, Wirtschaft und Politik um eine knappe Ressource ringen.* Frankfurt am Main/New York: Campus.

Nowak, Rainer/Streihammer, Jürgen 2019: Kurz zieht in Berlin über EU-Postenschacher her. *Die Presse* (4. Juli 2019), https://www.diepresse.com/5654737/kurz-zieht-in-berlin-uber-eu-postenschacher-her, abgerufen am 15. August 2019.

Obama, Barack 2006: *The Audacity of Hope: Thoughts on Reclaiming the American Dream.* New York: Crown Publishing Group.

Obama, Barack 2012: The Road We've Traveled. *YouTube* (16. März 2012), https://www.youtube.com/watch?v=2POembdArVo, abgerufen am 15. August 2019.

Obama, Michelle 2018: *Becoming.* New York: Crown Publishing Group.

Obama White House 2009: Official White House Photo P050809PS-0264 von Pete Souza. *Flickr* (8. Mai 2009), https://www.flickr.com/photos/obamawhitehouse/3532376714, abgerufen am 15. August 2019.

Obama White House 2011: Official White House Photo P050111PS-0210 von Pete Souza. *Flickr* (1. Mai 2011), https://www.flickr.com/photos/obamawhitehouse/5680724572, abgerufen am 15. August 2019.

Obermaier, Frederik 2019: Strache-Video: Das sind die Schlüsselszenen. *Süddeutsche Zeitung* (17. Mai 2019), https://www.sueddeutsche.de/politik/strache-fpoe-kronen-zeitung-oesterreich-1.4452326, abgerufen am 15. August 2019.

Obermaier, Frederik/Obermayer, Bastian 2019: *Die Ibiza-Affäre. Innenansichten eines Skandals.* Köln: Kiepenheuer & Witsch.

Ocasio-Cortez, Alexandria 2018: The Courage to Change. *YouTube* (30. Mai 2018), https://www.youtube.com/watch?v=rq3QXIVRobs, abgerufen am 15. August 2019.

Oswald, Michael/Johann, Michael (Hrsg.) 2018: *Strategische Politische Kommunikation im digitalen Wandel. Interdisziplinäre Perspektiven auf ein dynamisches Forschungsfeld.* Wiesbaden: Springer Fachmedien.

Page, Janis Teruggi/Duffy, Margaret E. 2018: What Does Credibility Look like? Tweets and Walls in U. S. Presidential Candidates' Visual Storytelling. *Journal of Political Marketing*, 17(1), 3–31.

Panofsky, Erwin 1978: *Sinn und Deutung in der Bildenden Kunst*. Köln: Dumont.

Podschuweit, Nicole 2016: Politische Werbung. In: Gabriele Siegert/Werner Wirth/ Patrick Weber/Juliane A. Lischka (Hrsg.): *Handbuch Werbeforschung*. Wiesbaden: Springer Fachmedien, 635–667.

Podschuweit, Nicole/Dahlem, Stefan 2007: Das Paradoxon der Wahlwerbung. In: Nikolaus Jackob (Hrsg.): *Wahlkämpfe in Deutschland*. Wiesbaden: VS Verlag, 215–234.

Podschuweit, Nicole/Rösser, Patrick 2019: Von Wasserläufern, Nichtschwimmern und Storytellern. Wege zum Wählervertrauen: Ein Bericht aus den Parteizentralen. In: Christina Holtz-Bacha (Hrsg.): *Die (Massen-)Medien im Wahlkampf. Die Bundestagswahl 2017*. Wiesbaden: Springer Fachmedien, 27–48.

Przyborski, Aglaja/Haller, Günther (Hrsg.) 2014: *Das politische Bild. Situation Room: ein Foto – vier Analysen*. Opladen: Barbara Budrich.

Rauch, Matthias 2018: Ein Abendessen, zwei Bilder: Fail von Wallners Social Media-Team, *Vorarlberg Online* (16. April 2018), https://www.vol.at/ein-mittagessen-zwei-bilder-fail-von-wallners-social-media-team/5746277, abgerufen am 15. August 2019.

Rauscher, Natalie 2018: Von Occupy Wall Street zu den ›nasty women‹ – Digitale Kommunikation als Partizipationsmöglichkeit neuer Protestströmungen. In: Michael Oswald/Michael Johann (Hrsg.): *Strategische Politische Kommunikation im digitalen Wandel. Interdisziplinäre Perspektiven auf ein dynamisches Forschungsfeld*. Wiesbaden: Springer Fachmedien, 187–212.

Redekop, Benjamin W. 2016: Embodying the story: Theodore Roosevelt's conservation leadership. *Leadership*, 12(2), 159–185.

Richardson, Kay 2016: Celebrity Politics. In: Gianpietro Mazzoleni et al. (Hrsg.): *The International Encyclopedia of Political Communication*. Malden/Oxford: Wiley Blackwell, 86–89.

Rohe, Karl 1994: Politische Kultur: Zum Verständnis eines theoretischen Konzepts. In: Oskar Niedermayer/Klaus von Beyme (Hrsg.): *Politische Kultur in Ost- und Westdeutschland*. Berlin: Akademie Verlag, 1–21.

Ross, Andrew S./Rivers, Damian J. 2017: Digital cultures of political participation: Internet memes and the discursive delegitimization of the 2016 US Presidential candidates. *Discourse, Context and Media* 16, 1–11.

Ross, Andrew S./Rivers, Damian J. 2018: Internet Memes as Polyvocal Political Participation. In: Dan Schill/John Allen Hendricks (Hrsg.): *The Presidency and Social Media. Discourse, Disruption, and Digital Democracy in the 2016 Presidential Election*. New York: Routledge, 285–308.

Rudd, Annie 2018: A more intimate aesthetic of politics – on Insta. *NiemanLab* (20. Dezember 2018), https://www.niemanlab.org/2018/12/a-more-intimate-aesthetic-of-politics-on-insta, abgerufen am 20. Jänner 2020.

Russmann, Uta/Svensson, Jakob 2017: Interaction on Instagram?: Glimpses from the 2014 Swedish Election. *International Journal of E-Politics (IJEP)*, 8(1), 50–66.

Sanders, Sarah 2018a: Last night the President put our adversaries on notice: when he draws a red line he enforces it. *Twitter* (15. April 2018), https://twitter.com/PressSec/status/985329759759601665, abgerufen am 15. August 2019.

Sanders, Sarah 2018b: As I said, the President put our adversaries on notice that he enforces red lines with the strike on Syria Friday night. the photo was taken Thursday in the Situation Room during Syria briefing. *Twitter* (15. April 2018), https://twitter.com/PressSec/status/985517977951928320, abgerufen am 15. August 2019.

Sarcinelli, Ulrich 2011[3]: *Politische Kommunikation in Deutschland. Medien und Politikvermittlung in demokratischen Systemen.* Wiesbaden: VS Verlag.

Schade, Sigrid/Wenk, Silke 2011: *Studien zur visuellen Kultur. Einführung in ein transdisziplinäres Forschungsfeld.* Bielefeld: transcript.

Schankweiler, Kerstin 2019: *Bildproteste. Widerstand im Netz.* Berlin: Wagenbach.

Schicha, Christian 2002: Zur Authentizität der politischen Kommunikation beim »Duell der Giganten«. Anmerkungen zu den Fernsehdebatten der Kanzlerkandidaten im Bundestagswahlkampf 2002. *Zeitschrift für Kommunikationsökologie,* 2, 6–14.

Schicha, Christian 2013: Alles echt? Bewertungsmaßstäbe der Authentizität als normative Kategorie direkter, visueller und virtueller Kommunikation. *news.room* (27. November 2013), https://newsroom.mediadesign.de/imfokus/alles-echt, abgerufen am 5. Februar 2019.

Schicha, Christian 2019: Einleitung. In: Christian Schicha (Hrsg.): *Wahlwerbespots zur Bundestagswahl 2017. Analysen und Anschlussdiskurse über parteipolitische Kurzfilme in Deutschland.* Wiesbaden: Springer VS, 1–39.

Schill, Dan 2012: The Visual Image and the Political Image: A Review of Visual Communication Research in the Field of Political Communication. *Review of Communication,* 12(2), 118–142.

Schirmer, Dietmar 2002: Vom schwierigen Verhältnis von »Kultur« und Politikwissenschaft. In: Werner Rossade/Birgit Sauer/Dietmar Schirmer (Hrsg.): *Politik und Bedeutung. Studien zu den kulturellen Grundlagen politischen Handelns und politischer Institutionen.* Wiesbaden: Springer VS, 17–26.

Schulz, Winfried 2011[3]: *Politische Kommunikation. Theoretische Ansätze und Ergebnisse empirischer Forschung.* Wiesbaden: VS Verlag.

Schultz, Tanjev 2003: Alles inszeniert und nichts authentisch? Visuelle Kommunikation in den vielschichtigen Kontexten von Inszenierung und Authentizität. In: Thomas Knieper/Marion G. Müller (Hrsg.): *Authentizität und Inszenierung von Bilderwelten.* Köln: Herbert von Halem, 10–24.

Seibert, Steffen 2018: Zweiter Tag des #G7-Gipfels in Kanada: Beratungen am Rande der offiziellen Tagesordnung #G7Charlevoix. *Twitter* (9. Juni 2018), https://twitter.com/RegSprecher/status/1005475391920844801, abgerufen am 9. Juni 2018.

Seiffert-Brockmann, Jens/Diehl, Trevor/Dobusch, Leonhard 2018: Memes as games: The evolution of a digital discourse online. *New Media & Society,* 20(8), 2862–2879.

Shields, Fiona 2019: Why we're rethinking the image we use for our climate journalism. *The Guardian* (18. Oktober 2019), https://www.theguardian.

com/environment/2019/oct/18/guardian-climate-pledge-2019-images-pictures-guidelines, abgerufen am 16. Dezember 2019.

Shifman, Limor 2013: Memes in a Digital World: Reconciling with a Conceptual Troublemaker. *Journal of Computer-Mediated Communication*, 18, 362–377.

Shifman, Limor 2014: *Meme: Kunst, Kultur und Politik im digitalen Zeitalter*. Berlin: Suhrkamp.

Sikorski, Christian von/Brantner, Cornelia 2019: Das Bild in der politischen Kommunikation. Grundlegende Erkenntnisse aufgezeigt an einer vertiefenden Betrachtung der visuellen Skandalberichterstattung. In: Katharina Lobinger (Hrsg.): *Handbuch Visuelle Kommunikationsforschung*. Wiesbaden: Springer Fachmedien, 181–204.

Souza, Pete 2018: *Shade: A Tale of Two Presidents*. New York: Little, Brown and Company.

Souza, Pete 2017: *Obama: An Intimate Portrait. The Historic Presidency in Photographs*. London: Allen Lane.

Spitaler, Georg 2005: *»Authentischer« Sport – inszenierte Politik? Zum Verhältnis von Mediensport, Symbolischer Politik und Populismus in Österreich*. Frankfurt am Main: Peter Lang Verlag.

SPÖ 2017a: Pizza & Politik? Kanzler Kern liefert! *YouTube* (19. April 2017), https://www.youtube.com/watch?v=lnRk3PxxCI4, abgerufen am 15. August 2019.

SPÖ 2017b: Miteinander kommen wir weiter. *YouTube* (8. Juni 2017), https://www.youtube.com/watch?v=prfvIAxgMag, abgerufen am 15. August 2019.

Street, John 2004: Celebrity Politicians: Popular Culture and Political Representation. *British Journal of Politics and International Relations*, 6, 453–472.

Street, John 2012: Do Celebrity Politics and Celebrity Politicians Matter? *British Journal for Politics and International Relations*, 14, 346–356.

Tenscher, Jens 2003: *Professionalisierung der Politikvermittlung? Politikvermittlungsexperten im Spannungsfeld von Politik und Massenmedien*. Wiesbaden: Westdeutscher Verlag.

Van Aelst, Peter/Shaefer, Tamir/Stanyer, James 2012: The Personalization of Mediated Political Communication: A Review of Concepts, Operationalizations and Key Findings. *Journalism: Theory, Practice & Criticism*, 13(2), 203–220.

Van der Bellen, Alexander 2015: *Die Kunst der Freiheit in Zeiten zunehmender Unfreiheit*. Wien: Brandstätter Verlag.

Van der Bellen, Alexander 2016a: Mutig in die neuen Zeiten! Van der Bellen kandidiert als Bundespräsident. *YouTube* (8. Jänner 2016), https://www.youtube.com/watch?v=ba4jalujuRo&t=4s, abgerufen am 15. August 2019.

Van der Bellen, Alexander 2016b: Die Zeiten ändern sich! *YouTube* (15. April 2016), https://www.youtube.com/watch?v=GIZNo1p1Hwc, abgerufen am 15. August 2019.

Van der Bellen, Alexander 2016c: »I am from Austria« – Liebe Österreicherinnen und Österreicher! *YouTube* (28. November 2016), https://www.youtube.com/watch?v=WAHMgFL1x5M, abgerufen am 15. August 2019.

Van der Bellen, Alexander 2016d: Video-Statement von Gertrude. *Facebook* (24. November 2016), https://www.facebook.com/watch/?v=1366125040099201, abgerufen am 15. August 2019.

Wehling, Elisabeth 2016: *Politisches Framing: Wie eine Nation sich ihr Denken einredet – und daraus Politik macht.* Köln: Herbert von Halem.

Weise, Ramona 2018: Modern, mutig, muttihaft: Eine qualitative Bildtypenanalyse junger Politikerinnen. In: Margreth Lünenborg/Saskia Sell (Hrsg.): *Politischer Journalismus im Fokus der Journalistik.* Wiesbaden: Springer Fachmedien, 113–138.

Weiser, Ulrike 2013: Nation Branding: Österreich, Land der Brückenbauer. *Die Presse* (12. August 2013), https://www.diepresse.com/1441008/nation-branding-osterreich-land-der-bruckenbauer, abgerufen am 15. August 2019.

West, Darrell M./Orman, John M. 2003: *Celebrity Politics.* Upper Saddle River/New York: Prentice Hall.

will.i.am 2008: Yes We Can Obama Song by will.i.am. *YouTube* (3. Februar 2008), https://www.youtube.com/watch?v=2fZHou18Cdk, abgerufen am 1. Dezember 2019.

Wodak, Ruth 2016: *Politik mit der Angst. Zur Wirkung rechtspopulistischer Diskurse.* Wien: Edition Konturen.

Zerlauth, Adrian 2019: Schweinefleischverbot: FPÖ-Jugend kennt kein Wiener Schnitzel. *Vorarlberg Online* (26. Juli 2019), https://www.vol.at/schweinefleischverbot-fpoe-jugend-kennt-kein-wiener-schnitzel/6296577, abgerufen am 3. Februar 2020.

mandelbaum *empfiehlt*

Tamara Ehs
KRISENDEMOKRATIE
Sieben Lektionen aus der Coronakrise

96 Seiten, Euro 12,–
englische Broschur
Format 13,5 x 21 cm

ISBN 978385476-893-7

Boris Previšić
CO2: FÜNF NACH ZWÖLF
Wie wir den Klimakollaps verhindern können

160 Seiten, Euro 16,–
zahlreiche farbige Abbildungen
englische Broschur
Format 13,5 x 21 cm

ISBN 978385476-871-5

Karin Fischer, Margarete Grandner (Hg.)
GLOBALE UNGLEICHHEIT
Über Zusammenhänge von Kolonialismus,
Arbeitsverhältnissen und Naturverbrauch

400 Seiten, Euro 25,–
englische Broschur
Format 13,5 x 21 cm

ISBN 978385476-849-4